ガンコ親父の教育論

——折れない子どもの育て方——

森田勇造

はじめに

今日の日本の若者は元気がない、責任感がない、希望がない、意欲がない、忍耐力がないなどと評されているし、道徳心や協力、協調の社会性が弱いなどとも言われています。

いつの時代にも若者は大人から批判され、諭され、励まされつつ、一人前の社会人になるのですが、今日の若者の多くはこれまでとは少々違って、確かに覇気や夢がないだけではなく忍耐力などが弱く、社会人としての基本的能力に欠けているようです。

それでは、元気な若者をより多く育むにはどのようにすればよいのですか、と尋ねられても、誰からもはっきりとした答えは得られないでしょう。これだけ変化の激しい不透明な科学的文明社会の諸現象に囲まれていては、確かなことはなかなか言えないのです。

ここで言う若者とは、十五、六歳から三十歳くらいまでの年代を指しているのですが、その前の少年期である六歳から十五歳頃までの子どもたちはどんな具合なのでしょうか。

はじめに

　私は、昭和四十三（一九六八）年頃から青少年の健全育成活動を続け、もう半世紀近くも青少年、特に少年期の子どもたちと接してきました。その活動目的は、日本が安定、継続するのに必要な、生活文化を共有する社会の後継者を育成する、見習い体験的学習活動の啓発とモデル的な事業の実践でした。

　最初の頃に出会った子どもたちは、すでに四、五十代になっており、今日の青少年の親になっています。しかし、彼らは、当時の少年期に生活文化を十分には身に付けていませんでした。

　今日の親の世代が、社会人の知恵としての生活文化をあまり身に付けていないため、子どもたちに伝える指導力や厳しさ、頑固さがなく、子どもの自主性、主体性、積極性などと言って、何事においても子ども中心的になっています。それは、社会的、人間的に自信のない親が、大人が未熟な子どもに仲間的に同調しがちなことによるもので、日本中が幼稚化して歓楽的、刹那的、無責任的な雰囲気に包まれているからです。

　確かに社会状況は一変し、子どもの育成環境は変化していますので、社会の後継者としての青少年の健全育成は困難になっていますが、社会にはいつの時代にも変わらない、変わり難い生活文化があり、そのことを伝えるのが大人である親の役目なのです。しかし、若い世代に元気がない、意欲がない、忍耐力がない、希望がないなどと言うことは、大人が伝えるべき生活文化をしっかり伝えていないからです。特にその前の少年期における子どもの社会的、人間的成長過程において、大人の役目が十分に果たされていないことに、何か問題があるのだと思われます。

　日本の若者を元気に、しかも意欲的にすることは、日本を活気づけて安定、継続させるに必要なことなので、まずは少年期の子どもたちが、楽しく元気になるようにすることが最も大事なことなのです。

少年期の子どもたちに意欲をもたせて元気にするにはどのようにすればよいかは、知恵のある大人なら誰もが考えていることですが、それを理論的に説明し、具体的に実証し、指導することは大変困難で、短期間ではできないことです。

私は、青少年の健全育成団体である、公益社団法人青少年交友協会の理事長を長く務め、その機関紙「野外文化」の巻頭に、その時その時の社会状況や子どもの育成環境を考えながら書いた、巻頭文がもう六十編以上もあります。そこで、それらの巻頭文に少々手を加え、書き足して、少年期の子どもをもつ親や小中高等学校の先生、青少年の指導者など、教育関係者に読んでいただきたく、『ガンコ親父の教育論』として、一冊にまとめました。

一章では、「青少年を元気にする知恵」として、①日本的人材育成、②信頼社会日本の継続、③道徳心と気配り、④文化的独立、の四項目を提唱しています。

二章では、「少年教育の知恵としての生活文化」として、少年期の子どもを元気な社会人にする準備教育としての生活文化や、元気な少年が成長して意慾的に生きる社会人に必要な生活文化、そして、少年期の子どもたちに必要な集団活動の意義と内容などについて説明しています。

三章では、「生活文化伝承のあり方」として、元気で意欲的に生きるためには身に付けていなければならない生活文化を、少年期の子どもたちに家庭や学校、そして自治体と地域社会などが伝承する機会と場、それにどのように対応すればよいか、などの参考を述べています。

四章では、「これからの国家的青少年教育の知恵」として、政府としての国家が、これからの科学的文明社会に対応して取り組む、新しい教育観による青少年教育のあり方と、国際化への対応策などについての私見を述べています。

長年にわたって世界の諸民族の生活文化を踏査しながら青少年育成活動を続け、私の専門とする野外文化教育学的見地から書いてきた巻頭文をまとめた拙著ですが、読者の皆さんが、少しでも楽しく元気になれると共に、これからの日本を少しでもよりよくする青少年教育において、何かのきっかけや参考になれば幸いです。

平成二十六年四月十六日

ガンコ親父の教育論　目次

I

青少年を元気にする知恵

一　日本的人材育成

1　意欲的な青少年の育成

①　孤独で淋しい子どもたち

四、五十年前までの日本の子どもたちは、家庭や地域社会で異年齢集団での群れ遊びが自然にできていました。ところが、昭和四十（一九七〇）年代に入ると日本が徐々に豊かになり、人口が都市に集中する工業化が進み、地域社会が崩壊し始めると共に、少子化や核家族化も進み、学校教育は知識偏重となり、塾に通う子や習いごとをする子が多く、その上、子どもが楽しめるテレビ番組が多くなって、野外で自由に群れ遊ぶ子が少なくなったのです。

それからすでに三、四十年が過ぎ、今日では、核家族化や少子化が更に進み、家族の絆や地域社会は一層弱体化して、野外で群れ遊ぶ切磋琢磨の機会と場がないこともあって、孤独で活力のない淋しい子どもが多くなっています。

②　いじめ・非行などの性格的特質

今日の子どもたちは一人っ子が多く、塾や習いごとに通っている上に、テレビゲームやインターネットなどのソーシャルメディアの発達によって孤立化しています。そのせいもあっていじめが一層陰湿になり、非行や登校拒否、引きこもりなどが多くなっているのです。そのような少年期（六～十五歳）の子どもたちの性格的特質は次のようです。
イ、意志欠如性（抑止力の欠如又は弱体化）
ロ、不安定性（基本的生活習慣の欠如）
ハ、爆発性（短絡的、衝動的行動）
ニ、自己顕示性（自分勝手）
困ったことに、少年期に一度このような特質を身に付けますと、大人になってからではなかなか修正できないことです。ここでの少年期における少年とは、心身がまだ完成の期に達していない年若い男女のことで、少女も含まれています。

③活力や自立心の弱い大人

この半世紀近くもの間、日本の社会状況は激変しており、その時代、時代の子どもたちが成人した今日、社会人になろうとしない、なれない、また親になろうとしない、なれない人が多くなっています。その上、ニートと呼ばれる若者やうつ病になる人、それに生活保護を受ける人も多くなっているのです。

少年期に野外で群れ遊ぶ切磋琢磨の鍛練の機会と場が少なかった人の多くが、利己的で意思欠如的、短絡的、衝動的で活力や自立心が弱いとされていますが、その性格的特長は次のようです。
イ、孤立化し易い＝社会化されていないので他を思いやる心に欠ける。

ロ、気まぐれで、意思欠如性＝不満や不安が多くて安心感がもてない。
ハ、自己顕示性が強い＝自分勝手で自省心が弱く、責任感に欠ける。
ニ、抑止力が弱い＝判断力、応用力、決断力が弱く、幼稚で自制心が未発達。
このように活力や自立心の弱い大人が多くなっていることは、少年期の教育が進級・進学用の知識偏重になっていたからです。

④ 意欲的な青少年を育てる集団活動（鍛練）

私たちは、少年期に群がることによって、視覚や聴覚を介して心の交流を図り、人間関係を上手く作って集団欲を満たしています。そして、群れ遊ぶことによって、仲間を大事に思い、離れたくない、一緒にいたい心情から、好きや愛する感情が強くなり、守りたい、守ろうとする意識が芽生えるのです。そうすれば、いじめても程度をわきまえるし、いじめられても自殺するような孤独感や不安感を払拭できます。

今日の子どもたちの多くは、家族の絆が弱く、地域社会の崩壊によって遊ぶ仲間がいないので、孤独で不安な心情からいじめが陰湿になり、いじめに対抗する忍耐力や自立心が弱く、ネット中毒になりがちで、意欲的に生きる力を身に付けていません。

人間は、少年期の群れ遊びなどの集団活動（鍛練）を通じて、意欲的に生きる力や自立心が育まれますので、少年期において最も重要なことは、同年齢や異年齢を問わず徒党を組んで群れ遊びをし、鍛練の機会と場に恵まれ、心身をよりよく培っておくことです。

これからの日本が安定、継続するためには、知識・技能教育だけではなく、群れ遊びなどの集団活動（鍛練）などを通じて、自立心の強い意欲的な青少年を育成することが必要条件なのです。

2 少年（男の子）を父親へ

出産は女性の特権かと思っていたら、平成十一年二月下旬の新聞に〝男性でも腸内に受精卵を注入して子を産むことが可能である〟というイギリスの医学者発表のニュースが記載されていました。

真偽のほどは別として、雄である男性に子を産ませようなどという発想は、自然の法則を冒瀆することではないでしょうか。

そう思っていると、今度は同じ年の三月二日、厚生省（現厚生労働省）が少子化対策として〝育児をしない男を、父と呼ばない〟というポスターを、十万枚も作製して日本中に配布し、新聞や雑誌、テレビ、ラジオでも広報するというニュースが流れました。

これも自然や社会の法則を十分に理解していない若い女性の意見を、正義や真理と錯覚した若い男性たちの短絡的な同調行為のように思えるのです。

何より、女性側の主張通り、〝育児をしない男を、父と呼ばない〟とするならば、「ごもっともです」と言葉だけで同意する男性が増え、世の中に〝父なし子〟が多くなるに違いありません。

私たちが忘れてならないことは、動物としての自然の法則です。動物の雌である女性は、男性に比べ、非活動的で保守的な行動をしがちな安定志向で、体内に子を宿し、乳を与える機能をもっています。そして、約十カ月間も体内で育んだ子を産む女性の本能は母性愛です。ところが、雄である男性は女性に比べ、活動的で冒険的な行動をしがちな不安定指向で、子を産む肉体的機能をもっていません。

人類の雌である女性と、雄である男性というのは、社会的動物用語であり、少女、娘、女や少年、青年、男というのは動物的社会用語です。そして、母や父という言葉は、文化的社会用語なのです。

こうした女性と男性が、母親と父親になる過程において、大きな違いがあります。

女性は自然に少女から女になり、母親になり得ますが、男性はそれができないのです。社会的作為をしないまま放置すれば、少年、又は雄、男のままになりがちです。そうならないように、民族社会における母親や父親のあり方は、生活文化の一つになるのです。

もともと母性本能の強い社会的、家族的な女性は、個人的にも社会的にも男性より労働意欲が強く、家族社会を支えてきました。しかし、女の性には月に一度変調をきたし、感情の起伏の激しい時期があります。これはより多くの人々に対応し、感覚を平常に保つ必要のある社会的な面からすると、男性に比べ弱点になることもあります。男は、女に比べて肉体の変化や感情の起伏が少なく、積極的で遠視眼的な特質をもっているのです。

今日の男女平等で、女性、母親も外に出て働く時代には断言できませんが、本来幼少年期の大半を母親と共に過ごす子どもたちは、一種の刷り込み現象として、母親からあらゆることを学んできました。留守がちな父親が、言葉や文字で教育しても、母親の影響力にはとうてい及ばないのです。これまで人類の生活文化の伝承者は母親である女性であったのです。

動物の多くが母系社会であるように、人類も本来母系社会でした。しかし、社会が発展し、人口が増え、文化が向上するに従って、近視眼的で保守的安定志向の女性中心では少々荷が重すぎるようになり、社会的には弱い立場の男性をより強くする必要性に迫られるようになりました。

そこで、世の知恵者たちは、男を社会的に強くし、責任感をもたせるために、男の子に「お前は男だ、お前は強いんだ」の倫理を教えるようになったのです。それが家庭教育としての〝しつけ〟や地域社会における祭りや年中行事、その他の儀式などの集団活動を通じて行われた〝社会教育〟となり、徐々に少年から青年、そして男になるように育成し、結果的に社会的責任感のある父親になれるように仕向けて、父系社会を作り上げてきたのです。

日本のような、定住稲作農耕民文化の父系社会は、社会的に強い女性と弱い男性が社会を発展、継続させる知恵として、家庭や地域社会によって、少年が父親になれるように、作為的に男性を強くした文化的な社会なのです。そのため、男の子に倫理教育をしないで放置すれば、父親になれない、なろうとしない男性が多くなります。

今日の日本のように、豊かな科学的文明社会の男女平等主義の下で暮らす給料生活民は、母親を中心とする小規模的中性化社会を作り、男は無責任な放浪者になりがちです。

男女の区別の弱い中性化した社会は、人々に社会的目標や価値観の共通性、生きがいなどを失わせ、活力や発展性が弱くなり、現実的には徐々に衰退していきます。

こうした不安定な中性化社会に対応する知恵は、男性に子を産ませたり、育児させたりすることよりも、少年期の男の子によりよい家庭教育や社会教育によって、社会的責任感のある男を育成し、よりよい父親になれるように仕向けることです。

3 文明化に対応する生活体験

① 文明化に弱い人類

私たちは、肉体と精神によって生かされています。肉体を健全に育て、管理するためには食糧と適度の運動が必要です。精神（心）を健全に培い、保つためには自然と社会が必要です。私たちは、肉体の安全については気を配りますが、精神の安全については案外無頓着です。特に文明化に対応する精神の安全についての知恵はまだ十分ではないのです。

人類は、不便さと貧困に対してはすでに十分な知恵を身に付けていますが、文明化と豊かさに対してはまだ経験が足りず、未知の世界です。そのため、文明に対応する心身のあり方については、関心がもたれていないように思われます。特に、最も早く対応しなければならない少年期の教育すらも対応が遅れています。平成十二年度も、青少年による重大事件が多く発生し、社会問題になりました。

平成十二年二月、中二男子が下級生を刺殺。四月、中三男子十数名が、同級生から現金約五千万円を恐喝。五月、高三男子が、人を殺してみたかったと主婦を刺殺。十七歳男子が、バスをハイジャックして六人を殺傷。高二男子が、神のお告げと称して電車内の客の頭部をハンマーで殴り、重傷を負わせる。六月、高三男子が金属バットで実母を殺害。七月、高一男子が、一家六人を殺傷。

　これらの犯罪は、幼少年時代に文明に犯された孤独な青少年が、助けを求めて誇示する行動の結果的現象で、人間が文明化にいかに弱いかを象徴しています。

② 大人の教育的役目

　古代から、大人は、子どもたちが自分たちに近づくように、社会人の基本的能力（野外文化）を伝える努力をしてきました。しかし、戦後の日本の大人たちは、社会人にとって大切な礼儀や言葉、道徳心や生活力などを、子どもたちに伝える努力を怠ってきたのです。

　子どもは、いつの時代にも大人の真似をして、迷いながら成人し、自分たちの時代性を形成していくものですが、現代の大人は、文明社会に適応するために、子ども以上に迷い、見習う目標となっていません。そのため子どもたちは、身近なテレビやインターネット、漫画、その他で表現される世界に近づこう、真似しようとしているのです。

　大人に見本を求めることのできない孤独な子どもたちの不安や不満が、いじめや登校拒否、殺人的暴力、非行、薬物濫用、援助交際などになって現れているのです。

　現代の情報化社会で生まれ育つ子どもたちは、間接情報と疑似体験が多く、個人的な世界に埋没しがちなので、大人は知識や技能を教えると同時に、野外で他と共に行動する見習い体験的学習の機会と場を与えてやることが必要なのです。

③ 奉仕よりも見習い体験的学習を

「奉仕」とは、社会や人に尽くすことを意味しますが、「教育」とは、社会人に必要な基本的能力（野外文化）の養成を目的として行われる訓練のことです。

十五歳以下の子どもたちは、まだ親や大人から庇護され、基礎的能力が育成されている時期なので、奉仕をさせる必要はありません。それよりも、社会人の基礎、基本をしっかり身に付けさせ、心身を安全に培わせる体験的な学習の機会と場が大切です。但し、高校生以上には「奉仕」の概念は必要で、半月前後の奉仕活動はあった方がよいのです。

一人前の社会人である大人は、いつの時代にも子どもたちに信頼感や道徳心を培う機会と場を与えてきました。その一つが、幼少年時代に大人の為すことを真似て活動する見習い体験的学習（野外伝承遊びや農作業、祭りや年中行事など）としての、野外文化教育なのです。

ここでの見習い体験的学習とは、野外文化（生きる基本的能力）の習得活動として、子どもたちが生活文化としての生きる力や感動する心を培う機会と場のことです。

④ 文明化に対応する生活体験

私たちの活力や創造力、忍耐力、判断力、決断力、行動力などは、多くの実行実例をもつことによって培われるもので、知識の詰め込みによるものではありません。

文明社会の子どもたちが、少年期にしておかなければならない共同体験は、生活するために必要な労働と生活体験、そして、野外伝承遊びなどです。

六、七歳から十二、十三歳までの少年たちが野外でよく遊ぶのは、心身を一人前にする準備として必要な訓練なのです。それをさせることなくして、言葉や活字、視聴覚機器などで道徳心や生活力などを身に付けさせることは至難の業です。

生活体験の機会と場を与える野外文化教育は、文明化に対応する、最も効果的な少年教育の一つです。その活動の内容は、面白さ、楽しさ、関心の度合いなどによるだけではなく、厳しさと忍耐、継続が必要です。

4　最善の防災、減災対応

①　守られるひ弱な発想

一万数千年の文化史を共有する人類は、これまでの天災・人災を問わず、いかなる災害にも負けないで、力強く生き抜いてきました。

今日、この地球上に住んでいる七十億人は、その逞しい人類の子孫です。私たち日本人もその中に含まれているのですが、これまでのように守る立場の逞しさがなくなり、守られる立場で発想しがちな、ひ弱な文明人になっています。

政府は、巨大地震を想定して、被害妄想的になっていますが、自然災害は起こりうる現実です。それを予知して事前に備えることは大変困難なことであり、不安を煽ることです。何よりも人が生き延びることが大事なので、地域社会の安定、継続を図る準備が必要です。そのためには、生き残った人々が社会を信頼して協力し合う、守る立場を意識することが重要なのです。

しかし、今日の日本は、先の東日本大震災（平成二十三年三月十一日）などによって警戒心が強くなっているのでしょうが、社会不信的な物や形式が優先し、避難施設や食糧備蓄・規則作りなどのように、守られるひ弱な立場的発想による対応策が主になっています。

② 家庭備蓄一週間分の害

日本政府は、巨大地震の被災地で生き抜く備えとして、各家庭における一週間分の莫大な食糧や水などの備蓄が必要と提唱しています。

これはまさしく、危機管理能力の低いひ弱な文明人、日本人を想定しての人工的な物と形式的作為による浪費的対策です。

人類はこれまでの長い歴史を生き抜いてきましたので、二、三日飲まずとも、一週間食べずとも死にはしないことを体験的に知っています。何よりも自然現象（小川の水や雪、野草、木の実など）を利用して生き抜く生活の知恵を身に付けているのです。

ひ弱な文明人的発想で、各家庭や個人に一週間分の食糧や水などを備蓄させることは、自然不信、人間不信、社会不信を煽り、我慢や協力心など生活文化を否定して不安を掻き立たせます。

特に今日では科学技術が発展し、国際化が進んでいますので、どんな災害でも二、三日後には世界のどこからでも援助の手が届きます。

社会を信頼するなら一、二日分の備蓄があれば十分ですが、何よりも青少年期に自然現象を最大限に活用する生活の知恵を身に付けて、人間力を高めさせておくことが重要です。

③ 青少年期に必要な飢え・渇きの体験

私たち人類は生命力の強い動物ですが、各世代が青少年期に体験知を身に付け、本質的な逞しさを更に強め、生き抜く力を培うことが重要です。

人間は物質的、特に飲食物に満たされると意欲が減退しがちですが、不足すると欲求度を高めて活気づく動物です。

自然災害の多い日本で重要な防災・減災対策は、いざという時に役立つ飢えや渇きを青少年期に一度は体験しておくことです。

私たちは、飢えや渇きの状態では正常な判断ができず、茫然自失になりがちです。しかし、一度でもその経験があれば、より早く正常な自分を取り戻して判断のできる、危機管理能力を向上させることができます。

昭和四十四年以来、毎年春と秋の二回、東京で開催しています「新宿―青梅四十三キロかち歩き大会」は、長い距離を飲まず食わずで歩く自己鍛錬事業で、青少年期に飢え・渇きを体験してもらう、防災・減災教育の機会と場でもあるのです。

④ 少年教育は最善の対応策

日本は、天皇を中心とする国体を維持して千年以上も続いてきた、他に例のない豊かで平和な統合国家です。

社会が安定・継続するために最も重要なことは、次の世代を継ぐ、青少年の教育です。ここでの教育とは、将来の仕事と社会生活の準備をさせることです。

しかし、今日の日本は未に経済的発展思向が強く、少年期（六～十五歳）には、進級・進学・就職のための知識や技術の教育はありますが、社会でよりよく逞しく生きる、生活者になる教育はなおざりがちになっています。

安定、継続する社会に最も重要な防災・減災対応は、少年期の子どもたちに、集団的な野外遊び、生活体験、自然体験、社会体験などや自己鍛練の機会と場をもたせて、人間力を高めさせておくことです。

社会にとってはいかなる場合も人間が主体なので、最善の対応策は、物や形式よりも先に、生活文化を身に付けて逞しく生き抜く、意欲的な守る立場の人づくりとしての少年教育を最優先させることです。

5 自己鍛錬としてのかち歩き

① 忘れている鍛錬行事

日本には古くから心身の鍛錬があり、忍耐力や克己心、協力、協調、思いやりなどの社会性を培う年中行事が各地で行われていました。特に成人式などの通過儀礼として、力試し、相撲、肝試し、遠泳、山登り、綱引き、和船競漕、耐寒など、地域社会の後継者育成に最も重要な、地方色豊かな伝統行事がありました。

そのため、明治五年に欧米から導入された学校教育にも取り入れられ、世界では大変珍しい学校体育として重んじられていました。

しかし、心身の鍛練的な伝統行事は、日本ではごく普通のことであったので、学問的には十分な調査、研究がなされていませんでした。そのため、アメリカナイズされた戦後の日本は、こうした鍛練的な行事の教育的、社会的意義を軽んじ、遅れたこと、変えなければならないこととしてきたのです。

その代わり、欧米からの近代的競技スポーツが重視され、学校体育はスポーツやレクリエーションが中心となり、社会体育ですら画一的なスポーツ一点張りになりがちでした。

②人材育成に必要な自己鍛錬

世界各国を探訪して、いろいろな民族の生活文化を踏査し、青少年期に心身を強靱に培っておくことの重要性を痛感させられていましたので、青少年の健全育成としてまず鍛錬事業を取り入れ、昭和四十四年から東京で「新宿―青梅四三キロメートルかち歩き大会」を始めました。

鍛錬とは、金属を打ち鍛えることから転じて、体力や精神力を鍛えて困難に打ち克つ力を付ける意味に用いられる言葉なのです。

最も効果的な鍛錬は、長い距離（三十～四十キロメートル）を飲まず食わずで歩くことだと思い、人材育成に必要な自己鍛錬として「かち歩き大会」を考案したのです。

言葉は大変重要な文化ですが、「かち歩き」の「かち」は、「歩く」ことを意味する古語です。広辞苑によりますと、陸地（くがち）の略語「かち」の意が転じて、乗り物に乗らないで歩くこと、とあります。かち歩きの「かち」は、「徒」と」勝」の同音異義語として、ひらがなで表記しますが、日本の特徴的な人材育成事業ですので、マラソンとは基本的に異なります。

マラソンは、走るという不自然態で、より早く目的地に着く他人と競うスポーツですが、かち歩きは、歩くという自然態で長く歩き続け、人格形成に重要な自己の煩悩との戦いに打ち克つ自己鍛錬なのです。

③ 空腹は生命力を活性化する

野生の動物は空腹になりますと、餌を求めて動き始めます。だから空腹こそが活力の源泉であり、生命力であるとも言えるのです。

人間も空腹になりますと生命力が旺盛になります。ここでの生命力とは、思考力、行動力、防衛本能としての内なる力である治癒力などのことです。

野生の動物は怪我をしたときや病気になりますと、何も食べずにじっと身を横たえて回復を待ちます。古来の東洋医学でも、病気のときは何も食べずにいたり、重湯だけにして一日休んで回復を待ちましたが、西洋医学では栄養を付けて治そうとします。

動物である人間にも、空腹は生命力、精神力を活性化する作用があるのです。四十三キロメートルを飲まず食わずに歩くことは、一種の断食行で、消化器系が休んでいる状態です。

かち歩き大会のゴール後に飲む水は甘く、食べ物は美味しく、飲み食いする全ての物がありがたく、生きている実感が湧き、涙が出るほどに快感を覚えます。

かち歩き大会は、食べ物や飲み物を断つことが目的ではなく、食べ物のありがたさ、うまさを知り、与えてくれるものへの感謝と、渇きや飢えを実感する機会と場なのです。

④ かち歩きで培う克己心

飢えと渇きと疲労の渦巻く激しい葛藤の中で、三十キロメートルを過ぎますと、精神的にも肉体的にも限界ぎりぎりの状態になりますが、四十三キロメートルを最後まで歩き通しますと、大きな自信と粘り強い精神力が培われます。

東洋的発想による自己鍛錬としてのかち歩きは、西洋医学にはない、飢えや渇きを通じて全体的な野生本能を目覚めさせて、自らの力で蘇生させ、鍛錬としての〝厳しさ〟は、禅や武道、茶道や書道などに通ずる〝克己心〟を培う日本の伝統文化であり、現代病への対応策でもあります。

物質文明の洪水に溺れ、他力本願になりがちな今日、東洋哲学の真髄「克己心」を培うかち歩きは、他人に勝つよりも、自分の煩悩に打ち克たなければ歩き通せないので、〝歩く禅〟とも呼ばれています。

このような人材育成、青少年教育を想定して始めた東京での「新宿―青梅四十三キロメートルかち歩き大会」は、一九六九（昭和四十四）年から毎年春と秋の二回開催し、四十五年後の二〇一四（平成二十六）年三月九日（日）の第九十回記念大会では、千三百七十人の参加者があり、これまでの総参加人数は十八万五千人を超しました。

二　信頼社会日本の継続

1　信頼心としての大義

①　伝統的な生活の知恵

私たち人類は、自然環境に順応して生きていくために、心身の鍛練をして強健になる努力をすると共に、都合のよい社会環境を作り、よりよく、楽しく元気に生活をするための様々な工夫を凝らしてきました。

人間は他の生命体である有機物を食べないと生きられない間接栄養体の動物です。だからいかに食糧を確保し、どう保存し、どう料理するか、また、心と身体をどのようになごまし、安全にしていられるかの方法・知恵が必要です。その伝統的な方法・知恵は、先祖代々に亘って、自然環境に順応するために培われてきた生活様式・生活の知恵、すなわち〝生活文化〟なのです。

ここで言う生活様式としての〝生活文化〟は、人間が生活手段として自らの手で創造したものであり、生物学的に備ったものではありません。それは、長年に亘って伝承され、その土地になじんだ衣食住の仕方・あり方・風習・言葉・道徳心・考え方（価値観）などの、社会遺産としての伝統文化なのです。

②信頼社会の成り立ち

日本は南北に長い列島国で雨が多いのです。厭地性の少ない稲は、その日本の自然環境によく適応し、何百・何千年もの間同じ田圃で栽培され続けてきました。そのため、人々は定住することができたのです。しかも、古代から稲作における農作業などの共通した労働などを通じて、生活共同体としての村を維持するのに価値観の共通する特質をもち、労働力を分かち合う〝結い制度〟などによって、先祖代々知り合った絆の強い同族的な信頼社会を形成してきました。

日本人は集団で定住し、先祖代々協力し合って生活してきましたので、お互いによく知り合った〝世間〟と呼ばれる信頼社会を営むようになっていました。そこには共通の言葉・価値観や道徳心・風習などがあり、嘘をつかない、騙さない、盗まない、殺さないなどが暗黙の了解ごとになっていたのです。

稲のような一つの栽培植物によって、民族がほぼ統一されてきた国は、世界広しと言えども日本以外にはないことであり、しかも、母親中心の母系社会的な生活文化を基礎とする、作為的な父系社会を発達させせ、社会の安定、継続を重視する信頼社会を向上させた国も珍しいのです。

今日の日本はすでに工業立国になってはいますが、日本人の心の根底には、今もまだ稲作農業時代の信頼社会の生活文化が色濃く残っています。

③日本人の大義

かつて東大の総長が、卒業式で語ったことは、〝肥った豚より、やせたソクラテスになれ〟でありました。

社会が安定・継続するには、教養と素養ある社会人を育成することが重要ですが、アメリカが仕組んだ戦後の教育は、市場経済を重んずる利己的な肥った人を多くすることであったのです。

社会人として踏み外してはならない、最も大事な道理である〝大義〟をなくしては、一時的に繁栄しても、個々の不信感から団結力を失い、やがて社会が内部衰退して長くは続かないのです。

今日の日本は、アメリカ的グローバルスタンダードによって、全てが経済活動中心の観念にとらわれて、発展するための知識や技術を身に付けた人は多いのですが、日本の独自性のある知恵や素養のある人が少なくなっています。

しかし、日本人がよりよく生きるには、日本の社会正義としての道徳心・倫理観や日本語がこれからも必要です。

多くの日本人は気付いていないでしょうが、世界のどの国と比べても、日本の自然は四季ごとに多くの幸をもたらす豊かさと美しさがあります。その自然と共に生きてきた日本人は、日本語で深く理解し合い、相手を思いやる心情があり、大義を重んずる信頼社会を営んできたのです。

④ 大義を重んじた日本人

これまでの半世紀近くもの間、日本は平和で豊かな安定した社会でした。それは、信頼心としての大義を重んじた日本人の努力と工夫の賜物であったのです。しかし、それが今崩れかけています。

この頃マスコミをにぎわしていますＪＲ北海道やみずほ銀行、食材偽装、福島原発の汚染水処理などの問題は、まだ氷山の一角で、日本の戦後教育のつけが、大きな社会不信として潜在しているのです。

これらの問題点は、戦後のアメリカ的民主教育によって育った、利己的な日本人が信頼社会における大義を失って、無責任な事なかれ主義の風潮に染まっていることによるものです。

こんな、日本人としての主体性を失った状態では、外交も内政も経済活動もこれまでのようにはうまくいかないし、二〇二〇年の東京オリンピック大会に向かって、成熟した日本の生活文化を世界に発信することもできないでしょう。

日本の伝統文化としての信頼心や責任のあり方を皆で考えて、世界に誇れる信頼社会日本の大義について、青少年期の教育からやり直す必要に迫られています。

2　日本人に名誉と勇気を

お金を失うことは、
少し失うことです
名誉を失うことは、
多くを失うことです
勇気を失うことは、
全てを失うことなのです

これはドイツの詩人であり、哲学者でもあったゲーテの言葉です。

人類は、これまで長い間、貧に対する哲学をもち、飢えに対する文化を培ってきました。しかし、まだ豊かさに対する哲学はなく、飽食に対する文化を培ってはいないのです。そのため、人類は貧には強いのですが、暖衣飽食には弱いのです。

私たち日本人は、この半世紀、お金を得るためにがむしゃらに働いてきました。その勇気ある労働行為は、世界から注目され、感動さえ与えてきました。しかし、名誉ある行動をしてきたとは思えません。どちらかといえば、お金を得るためには、少々名誉を失っても仕方ないとすら考える人が多かったのです。

その結果、生産効率の悪い農業を見捨て、無機物を合理的に生産する工業化へと邁進しました。そして、食料輸入大国となり、工業製品の輸出大国となったのです。やがて食料を得る労働から、お金を得る労働へと意識改革がなされ、世界の一、二位を競う経済大国となりました。

ところが、お金を得た暖衣飽食の日本人は、生活や価値観の社会目的を失って、何ごとも金の力に頼るようになり、大変刹那主義的になりました。そして、徐々に活力を失い、バブル経済を破綻させ、マネーゲームの虜になって、額に汗する労働を軽視するようになってしまったのです。

私たちにとって、今、最も大切なことは、自分と自分の社会、民族、祖国を信じ、額に汗して働く勇気をもつことです。名誉を重んじ、勇気をもって行動することに勝るものはないのです。

日本国憲法の基本理念は、世界の平和と人々が仲良く暮らしていくことです。しかし、高い理想にロマンを求めすぎては、現実の社会を維持するための努力と工夫、勇気を弱めがちになります。

私たちは、牙を抜かれた獣が、笑顔で他の動物たちにすり寄っていくことを美化し、理想化しすぎてきました。そのために、二、三十年後には、牙を知らない獣が多くなり、己の力を培うための努力や工夫を重ねる勇気を失ってしまうことを知らされました。また、子どもたちに負の遺産を伝え、名誉ある遺産を伝えなければ、社会のよりよい後継者である人材は育ち難いことも知りました。

地球上の人々が、同じ価値観、同じ言語に統一されることは、人間が利己的な動物である限り至難なことです。

人はパンのみでは生きられません。理想と現実の落差を十分に認知した上での勇気ある行動が、社会を安定、継続させるための基本理念なのです。

われわれ日本人の、地球人としての心得の基本は、まず日本国を平和に安定継続させることです。わが大地、わが祖国日本を支える知恵と勇気をもつことが地球を愛することなのです。その手段としてお金が必要なのです。円であれ、米ドルであれ、ユーロや元であれ、国際経済活動にはなくてはならないのですが、祖国日本を維持するために一番大切なものではないのです。

作為的な経済活動は絶えず変動しますが、お金の多少によって社会の安定が維持できないようでは、文化国家とはいえないのです。

われわれは、お金のために名誉や勇気を失ってはいけません。華やかな知識や技術に振り回されて、知恵を無視してもいけないのです。

われわれは、地球人である前に、まず、日本人としての名誉と信頼を取り戻し、社会の安定と継続を促すために、勇気をもって行動することです。その後に必ず知的欲望と活力が湧いてくるのです。

まだまだ働くことや信頼心を忘れていない日本人が、勇気と名誉ある行動をすれば、沈滞気味の経済活動を活気づけるのは容易なことです。

わが同朋よ、祖国日本を信じよう
われらには、愛する仲間たちがいる
わが同朋よ、未来のために頑張ろう
われらには、愛する子どもたちがいる

3 社会人としての文化的共通性

① よりよく生きる心がけ

自然の営みは悠久ですが、私たち個々の寿命は、長いようで短いのです。生命ある個体は必ず去っていきますが、その集団である社会は途切れることなく、川の流れのように続くのです。私たち個々は、川の水の分子のようなもので、流れを滞りなく進めるために、精一杯努力しているにすぎないのかもしれません。

しかし、物質的に豊かな文明社会の今日、川のように流れ続ける社会の必要性に背を向け、自分勝手に生きようとする利己的な人が多くなっています。

社会の継続を信じる人は、「社会のために」という生きる目的をもって、よりよく生きようと努力しますが、社会とかかわりをもとうとしない利己的な人は、その意識が欠落しているのです。私たちは、社会のためによりよく生きようと心がけない限り、生きる目的を失い、不安と不満と不信にかられ、刹那的になって安定したゆとりある生活を営むことはできません。

②安定に必要な共通性

人間は、自由気ままに生きようとする動物的習性をもっています。しかし、他と共に話し合って、共通の了解事項を作り、社会の安定を守ろうとする理性もあります。

私たちは、二人以上が共に生活するには、社会人としての基本的能力（野外文化）の共通性が必要です。その基本的能力は、まず家庭で育み始められます。そして村や町の小さな地域社会から、市や県などの大きな地域社会へと共通性が広がっていくのです。その基本的能力の共通性は民族や国家へと拡大され、今では国際的にも必要になってきました。しかし、その基本的能力の原点は、家庭や地域社会で培われないと大きくはならないのです。

古くから続いている青少年教育の最大目的は、社会の安定を守るに必要な基本的能力を身に付けて、よりよく元気に生きようとする社会性を画一的に知らしめることです。その基本的能力とは、地域社会で生きるに必要な基層文化のことで、言葉や風習、価値観、道徳心などです。この基層文化を共有する人々の集団を〝民族〟と呼んでいるのです。

いつの時代にも、人心が落ち着き、社会が安定するためには、より多くの人々が生活文化としての基層文化を共有することです。

③ 継続のための伝承

私たちは、自分が納得できないことを他人に伝えようとは思いません。納得するということは、まず原体験や見習い、見覚えた後に理屈を知ることです。

人は物事に納得しますと、それを他人に伝えたくなるのです。子どもや周囲の人には言葉で伝え、より多くの人や子孫たちへは文字や絵などで間接的に伝えようと努力・工夫してきました。古来の情報とは、そうした納得した人々による知恵の伝承のことなのです。

家庭や地域社会は、社会の安定と継続を願って、生活文化を伝承してきましたが、この半世紀もの間、それが途切れています。その代わり、学校教育によって、進級、進学、就職に必要な知識や技術を得るための情報が多くなり、しかも、IT（情報技術）の発達によって情報が洪水のごとく氾濫しています。しかし、それら多くは生活のための知恵の伝承ではなく、娯楽と経済活動のためなのです。

経済活動のためのITが、学校教育に利用されすぎますと、ネット中毒のようになって少年の心は一層不安定になり、社会の安定と継続は困難になります。

私たちは、いつ、いかなる時にも社会の安定と継続を望みますが、そのためにはまず、社会人の共通性を高めるために基層文化の伝承に努力することです。

④ 信頼社会の継続

私は、これまでに多くの国を探訪し、いろいろな人々に「どのような社会が理想ですか」と尋ねました。その答えの大半が「信頼できる社会」であったのです。

人類は、この地球上に約七十億人も住んでいます。多くの民族と国家が存在しているので、一民族一国家という理想的な社会は存在しないのです。しかし、それに最も近いのがわが日本国でした。

多くの民族が集う社会は、共通性が弱く、人々は異文化に囲まれて不安定な生活をしていますので、社会に対する不信感が強いのです。そうした不信社会では、物事を伝える方が、相手に分かるようにはっきりと言わないといけないので、どうしても自己主張が強くなり、利己的になりがちです。

ところが、日本は、幸いにも単一民族に近い国で、基層文化の共通性が高く、お互いに理解しやすい信頼社会になっていました。そのため、日本語が通じやすく、話す人よりも聞いている人の方に理解する義務があり、一を聞いて十を知るよう努力しましたので、自己主張をする必要がなかったのです。しかし、この五十年間、社会生活よりも経済活動を中心に考えたため、伝統文化は徐々に破壊され、今ではアメリカ的不信社会に陥っています。

二十一世紀の経済的活動は国際的になりますが、自分たちの住む社会にとって大切なことは、お互いの共通性を高め、信頼し合うことです。信頼社会の継続には、まず少年期に基層文化をしっかりと伝承し、よりよく元気な社会人を育成することが重要です。

4 国民に必要な自然観

① 自然は絶対的真理

自然とは、私たち人間を取り巻くあらゆる物や現象を指しますが、古くから日本人の自然観は、山川草木、花鳥風月などと表現され、大変神秘的なものとされてきました。しかも、地球上の人類は、多かれ少なかれ、日本人と同じような自然観をもっています。

〝聖地〟と呼ばれるところは世界中いたるところにありますが、共通しているのは、自然環境に恵まれ、そこに佇む多くの人の気が晴れ、心地よくなることです。それを信仰と呼ぶか、娯楽と呼ぶかそれぞれの価値観によりますが、あえて観念の世界に押し込んでしまうのではなく、ありのままを認め、自然と共に生きる人間の心情とすべきです。

これまでは、宗教や思想などと呼ばれる観念によって心が支えられ、満たされると考えられがちでしたが、その原点は全て自然観によるものです。私たち人間の幸福、満足、安心感やゆとりを感じる心の世界は、物や金銭よりも自然観によることが多いのです。人類にとって普遍的な自然は、いつ、いかなる時にも絶対的真理です。

② 公害は負の遺産

欧米のキリスト教徒は、〝自然・人・物、全てを神が創り賜うた〟と考えがちです。そのため、人が自然に対峙し、擬人化し、征服すべきであるという概念が強いのです。

そうした理念のアメリカ人が中心をなしてきた、二十世紀の科学的文明社会は、自然破壊や汚染などの公害を生み出しました。文明社会の結果的公害に対応するために、日本でも一九七一年（昭和四六）年七月に〝環境庁（現環境省）〟ができました。

だが、科学的調査を重視する環境庁の役割は、人工的な公害を追放し、改善し、未然に防ぐことであって、国民を育成し、人の心を豊かにすることではないのです。

自然を科学的に知ることは、学問や技術のためには大事なことですが、自然と共に生きるにはそれほど重要なことではないのです。

もし、十二、三歳までに、公害対策や未然防止としての環境教育を強くされすぎますと、彼らは社会批判をしがちになります。いやなこと、汚いこと、悪いことなどの負の遺産を多く教え、伝えられた子どもたちは、社会のよりよい後継者・国民にはなり難いのです。

③ 国民とは共通性をもつ人々

この地球上の自然は千差万別ですが、それに応じて人間の適応の仕方が変わり、考え方が変わって生活文化の違いを生み出してきました。民族が異なるから文化が異なるのではなく、人間集団を取り巻く自然環境が異なるから、文化が異なり、民族が生じてきたのです。

これまでの国民は、民族的日本人と社会的日本人がいました。しかし、これからは、例え世界連邦国が誕生したとしても、日本列島に住む国民は、日本の豊かな自然を信じ、住みよい所であると思うことのできる共通性をもつ、社会的日本人であることが必要条件です。

このような日本の自然を信じる人たちが、力を合わせて努力、工夫すれば、いかなる時代にも対応できるのです。

外国人の尻馬に乗って負の遺産を伝えるよりも、「日本は自然の豊かな神々の国」であることを、大人が自信と誇りをもって伝えれば、子どもたちは必ず一人前な国民に育ちます。いつの時代にも子どもたちの希望は、大人になることです。

④文部科学省の自然教育

人類は、自然とのふれあいによっていろいろな考えや複雑な感情を身に付け、さまざまな道具を作ってきました。それらを「文化」や「文明」と呼んでいます。その文明とは、あるがままの自然に順応するための手段や道具のことです。

その自然の摂理を探求することが科学することであり、文明化への道です。文明化しすぎると自然を破壊しがちになりますので、その度合いが大切です。

環境省のなすべき環境教育は、科学的対処の知識や技術を伝えればよいのですが、国民を育成し、人の心を豊かに培うために文部科学省がなす自然教育は、古来の人と自然のかかわりである、生きる知恵としての生活文化を伝えることです。

世界で最も進んでいたと思われる日本の伝統的な教育は、自然と共に生きる心得としての文化教育でありましたが、今日の学校教育は、環境省的な公害教育や自然を擬人化したゲーム的な文明教育になっています。

これからの文部科学省がなすべき自然教育は、日本の自然の豊かさ、美しさ、面白さ、厳しさなどを体験的に伝え、日本の自然を愛する同朋を育成することです。

いつの時代も、子どもたちは、自然と共に生きる伝統文化と栄辱によってよりよい社会人・国民に育つのです。

わが同朋よ、
われらが緑なす大地を信じ、
子どもたちを培い、
豊かな自然を崇めよう

5 祖国日本を信じよう

① 自然の畏怖的現象

日本は地球上のどこの国よりも豊かな自然である山や川、平地や海に恵まれています。その自然と共に生きてきた私たちの先祖たちは、摩訶不思議な自然のありさまを十分に受け止めて、なんとか折り合いをつけながら生き生きて、長い長い歴史を積み重ねてきました。

日本の大地で生き続けてきた先祖たちは、大地が変化して震動し、海水が変化して津波となる、自然の畏怖的現象を十分に知っていました。そして、その自然と共に生きる知恵を〝生活文化〟として、子子孫孫へ伝えてきたはずであったのです。

しかし、欧米的な合理主義の便利な生活になじんだ私たちは、天然の飲み水を無視して加工水に頼ったり、自然に挑戦し、それを征服できると思い込んだり、発展と豊かさのために自然資源を食いつぶしていたのではないでしょうか。

② 何もなくなった

平成二十三年三月十一日、午後二時四十六分頃、三陸沖の太平洋下で、長さ四百キロメートル、幅百五十キロメートルに渡って、ユーラシアプレートに潜り込む太平洋プレートによって地殻破壊の変動が三回も連鎖的に発生し、断層が二十メートルもずれました。そのためマグニチュード九・〇という、世界で四番目の巨大地震が発生すると共に、十メートル以上もの大津波が発生して沿岸を襲ったのです。

三陸沖で大地震や大津波が数十年～数百年毎に度々発生することは、多くの人が知っていましたが、この数十年来、生活文化としては十分に伝承されていなかったようです。

しかし、今回の震災の規模は想像を絶するもので、福島県以北の太平洋沿岸の町々をことごとく破壊し、押し流してしまいました。

厳しい自然と、なんとか折り合いをつけながら築き上げた日本人の営みを、わずか数十分で呑みこんだ津波によるゴーゴーたる濁流は、夢・幻のごとく、何もかも跡形をなくしました。

被害の現場にいた人々よりも、私たちの多くがテレビの画面でリアルタイムに、高さ十メートルから二十メートルもの津波が、防波堤を超え、家々や車を呑み込み、田畑をなめつくし、工場や飛行場にまで襲いかかる状況をつぶさに見たのです。

いく度も　食べたり寝たり話したり
被災の波に思い巡らす

人間の叡智を超えたあまりにも甚大な自然災害は、我欲に走り、科学的技術を過信していた日本人の肝を冷やし、何もなくなった痛ましい現象に自然の畏怖を感じさせたことでしょう。

③略奪も暴動もない信頼社会

東北、関東大震災発生以来、被災地の状況を毎日テレビで観ていました。報道によって知れば知る程災害の大きさに驚かされ、被災者の心身の安らぎを願うと共に、わが同朋の秩序ある社会的モラルの高さに感動させられました。

私はこれまで四十六年間に世界百四十二カ国を探訪し、いろいろな状況を見たり聞いたり体験してきました。地球上のどこにでも自然災害は起きますが、たいていの国や地域で二次災害的な窃盗、略奪、強姦、暴動などのような人災が発生し、多くの人が不信感や不安感を抱いて、大声で泣き叫ぶ姿を見てきたのです。

テレビの画面に観られる東北地方の被災者の悲しみや動揺、不安などは手に取るように伝わってきます。しかし、多くの人々がそれらを越えて、われ先にと押し合うことも、奪い合うこともなく、比較的落ち着いて理性的です。

被災者たちのそのような社会的ありさまは、日本が世界で最も安全な秩序ある国であり、共通の生活文化による安心感であり、信頼によって結ばれている民度の高い社会であることの証明でもあるのです。

世界の人々にとって、大災害の後の不安状態で略奪も暴動も起こらない日本人社会の、信頼的、協力的あり方を知れば知るほど驚嘆させられることなのです。

④ 守ろう日本

私は外国から帰る度に、大地にひれ伏して感謝し、日本が安定、継続するよう願い、日本を守ろうと誓ってきました。

そのためには、社会の後継者である青少年に、私たちの生活文化を伝承し、よりよい社会人になってもらう機会と場を作ってやることです。

自然災害は人類共通に体験することであり、ひ弱で無力な子どもたちは、いざという時、互いに助け合い、励まし合い、困難から脱出する知恵を、大人から見習っておくことがいつの時代にも必要なのです。

大都会の東京に住む私は、昭和四十四年から毎年二回、「新宿─青梅四十三キロかち歩き大会」を開催してきました。老若男女が共に長い距離を、飲まず食わずで歩くことは、自然災害の多い日本で、いざという時に最も役立つ、飢えや渇きを体験し、多くの人と協力し、助け合い、信頼し合うことを青少年に知らしめます。

祖国日本は、われわれ一人一人を必要としています。われわれは国に守られていると同時に、一人一人が国を守っているのです。

廃墟となった東北の太平洋沿岸の町々で生き残った人々は、日本を信じて一人一人が立ち上がりましょう。

われわれ日本人は、自然災害を承知の上で、皆が知恵と力を合わせて再出発です。

6　自然なる大地と共に

①　自然なる大地

国家百年の計に最も必要な人材育成は、自然なる大地、われらが大地を愛する公教育から始まるのです。

自然とは、人間を取り巻くあらゆる物や現象を指しますが、人間の意思とかかわりなく存在します。四十六億年の歴史をもつ地球に、約五百万年前に人類の祖先らしき動物が誕生して以来、永々と進化と淘汰を繰り返してきました。そして、やっと一万数千年前から文化的歴史を刻み始め、今や自然なる大地に七十億人もが生活を営んでいます。

大地とは、天に対して地を広く言い做した語でありますが、人間や万物を育むものとしての土地のことです。その大地は無限ではないですが、われわれ人類にとって、大きな可能性を秘めた絶対的存在なのです。

② 大地に生きる生活文化

人類は、自然に順応して生きるために淘汰され、よりよい遺伝子だけが生き残りました。そして心身を鍛練して強健になる努力をすると共に、都合のよい環境を作る工夫を続けてきました。人間以外の動物は、生活手段が特殊化された生物的特徴そのもの（例えば牙、角、爪、毛や羽根など）であり、それぞれの環境下で生活できるようになっていますが、人間は、いかなる環境の変化にも対処し、適応できる手段を考え出す能力をもっているのです。

生活手段としての文化が、超生物的性質をもつということは、多様性という重要な性質を生み出し、環境への適応性を高め、同じことでもいくつかのやり方ができるのです。例えば、食物を摂取する際、直接生で又は焼いて、煮て、また手でつかんで、はしでつまんで、フォークで刺して、木の葉か、椀か、皿かにのせて食べるなど、方法はいくつかあります。その中から選び出して生活様式とした特定の方法が生活文化なのです。

人間は、この自然なる大地の上で、楽に育ち、楽に生きてはいないのです。いかなる時代も、厳しい環境に耐えて強く生きる力を身に付ける事を忘れてはいけないのです。

われわれ人間は、生存手段を超生物的な文化によっているが故に、これを身に付けなければならない状態で生まれ、学習によって誰か他人から学びとっていくのです。そのため、他人に依存する期間が長く、数多くの他人を媒介として集団の中でのみ生存できるのです。集団生活が成立するためには、構成員の間で意思が通じ合う生活文化の共有が必要です。

③ 公教育の基本的要素

私たちが、日常生活でそれほど意識しないでなす、さまざまな生活習慣は、先祖代々に培われた生活文化です。ここで言う生活文化とは、その土地になじんだ衣食住の仕方、あり方、風習・言葉・道徳心・価値観などの生活様式としての伝統文化のことです。

人類に共通する普遍的な生活文化には、社会生活になくてはならない基本的な文化と、なくても生きられる感性的な文化があります。その基本的文化を基層文化（衣食住や安全・衛生などの概念・生活の知恵・言葉・風習・道徳心、価値観・心のよりどころなど）とし、感性的な文化を表層文化（美術・文学・音楽・芸能・スポーツなど）とするのです。

基層文化は全ての民族に共通しますが、そのあり方が異なり、表層文化は個々の違いはありますが、感性においては共通します。

文化は、しばしば建築物に例えられますが、基層文化は家の屋根、柱、壁、窓、床のような基本的なものであり、表層文化は、畳やカーペット、壁掛け、壁紙、欄間、家具、照明、カーテンなどのような装飾的なものです。

このような基層文化は、自然環境に順応して生きる人々の集団から受け取る社会的遺産でもあるので、自分の属する社会の基層文化を身に付けていなければ、社会生活に支障をきたすことになります。もし、日本の大地と共に生きる日本人が、日本の基層文化を身に付けていないとすれば、一人前の社会人にはなれていないことになるのです。

今日の日本では、商業的に利用される表層文化を重視する傾向が強いですが、表層文化によって社会を長く繁栄、安定、継続させることはできません。表層文化は基層文化によって支えられているものです。

そのため、いかなる時代にも、社会的人間の本質的あり方としての公教育の基本的要素は、大地と共に生きる生活文化としての基層文化の伝承です。

④ 大地と共に

生まれきた人よ　冒険を求め
様々を見　道を学び
雨風に耐え　大地に生きよう

熱き想いの人よ　世のために
花を咲かせ　愛と絆を結び
子どものため　大地を守ろう

長く旅した人よ　最後の憩いに
耐えぬいた身を　そっと横にし
生まれたまま　大地に還ろう

三　道徳心と気配り

1　法律に勝る道徳心

①社会に必要な危機管理能力

社会は個人の集団であり、共通の文化、例えば、言葉・風習・道徳心・規則・価値観などを必要とします。

われわれの心には個人性と集団性が同居しており、常にせめぎ合っているのですが、社会人として生活していくには道徳心や規則などの集団性が強く求められます。

集団性には、自然的・社会的危機管理能力があります。自然的危機管理能力は、自然と共に生きてきた人類が培い、伝承してきた生活文化であり、社会的危機管理能力は、戦争（武力、経済力、文化など）や暴力、不況、災害などの、社会不安に対応する知恵としての道徳心や規則（法律）です。

社会が安定・継続するに最も重要な危機管理能力は、集団性としての道徳心です。

②「道徳心」は先祖からの遺産

いつの時代にも、先人が培い、伝えてきたことを手本にすることが、物事を最も早く確実に身に付ける方法です。

社会人の危機管理能力で最も大切な道徳心は、人の踏み行うべき道、すなわち、社会の善悪を判断する基準として一般的に認められている手本であり、〝大義〟であります。作為的に決められた法律のような外面的強制力はありませんが、個人の内面的なあり方としての原理です。良心は個人的な心情ですが、道徳心は社会的な善悪の基準です。

道徳心は、覚えることではなく、心で感じるものなので、言葉や活字、視聴覚機器などで教え、伝えることは困難であり、幼少年時代の異年齢集団の体験活動によって会得するものです。人類は、〝遊び〟をする動物です。幼少年時代に他と共によく遊ぶのは、いろいろな体験活動を通して、まねながら危機管理能力を身に付けるためです。特に道徳心は、五、六歳から十四、五歳頃までに身に付けないと、なかなか身に付かないし、日常生活に応用することができないのです。

社会人が正善を志向し、邪悪をしりぞけようとする心理作用の道徳意識は、一度身に付けるとなかなか変化しません。それは遺伝子のように、親から子、子から孫へと伝承される過程で、時代と共に少しずつ改善されながら、よりよい方向へ発展してきた先祖からの社会的贈り物だからです。

しかし、今日の日本では、社会に共通する文化としての道徳心が低下し、教育の質の低下を来して、危機管理能力の乏しい人が多くなっていますので、法律が重要になってきました。

③ 作為的な「法律」

社会とは二人以上の共同体ですが、共通の規範がない限り安定、継続させることはできません。われわれは、国会で決めた物事の普遍的あり方、仕方、しきたり、掟、規則を法律と呼んでいます。

社会には利他的な信頼社会と利己的な不信社会があります。信頼社会は道徳心によって、不信社会は法律によって保たれているのです。

道徳心は、先祖からの社会的遺産で共通意識が強く、変化し難い文化ですが、法律は国会が必要に応じて形を作り、強制力のある、作為的な条文、約束ごとです。人類が古代から伝えてきたのは道徳心であり、現代の複雑な文明社会に適応するために学校で教えているのは法律です。道徳心は感じるもので応用がききますが、法律は覚えるものなのであまり応用がきかないのです。

利己主義者の多い不信社会は、法律の網の目をくぐり抜けようと工夫する人が多いので、社会悪がはびこり、多くの法律家を必要とします。例えば、高病原性鳥インフルエンザを一週間も放置したり、児童を虐待死させたりする人々や、詐欺・窃盗・汚職などの犯罪者は、家畜伝染病予防法や児童虐待防止法、刑法などにかかわらず、利己的欲望のために罪を犯すので、国は法科大学院を六八校も作り、法律家を多くしようとするのです。しかし、社会の安定・継続のためには、法律よりも道徳心が大切です。

④ 社会人の育成と道徳心

人気歌手のSMAPが歌う「世界に一つだけの花」は大変なヒットで、CDがたくさん売れました。戦後の日本の教育は、共通文化の道徳心を強いる社会人育成を軽視し、世界に一つだけの花である利己的な個人を育成することを重視してきました。

社会人の育成とは、社会に対する義務と責任を教え、社会の後継者としての道徳心を伝えていくことです。社会が個人を保護し、個人が社会へ奉仕することにより社会は安定、継続するのです。個人の精神的、肉体的、社会的過保護は、社会人の育成にはなりません。人や物の区別や伝統文化をなくし、翻訳知識や過去の戦争及び公害などの社会悪を教えすぎますと、社会の後継者を育成することはできないのです。

子どもの本質は昔も今も変わってはいませんが、科学的文明社会現象に対応するあり方、考え方は変わってきています。しかし、その新しいあり方に対応する教育だけでは社会人の育成はできません。大切なことは、変わらない本質に対応する道徳心を伝え、社会意識を発達させることであり、自分の社会、祖国愛の心によって意欲や活力を向上させることです。

少年期に能動的、積極的に人や物にかかわることのできる人はごく僅かなので、少年期にボランティアや奉仕・勉強を強いると、大人になってから物事に無関心になりがちです。

これからの社会人の育成には、木を見て森を見ない個人的な結果に対応するだけではなく、森の樹々に予防療法的に対応する道徳心が一層重要です。

2　道徳心は人類共通の文化

①　日本の社会的あり方

社会とは、共通性のある個人が信頼によって、または規約の下に集い合っている状態のことで、経済学的には〝契約社会〟と〝身分社会〟に分けられています。

契約社会は、個人の立場で約束ごとによって成り立っている社会で、契約・神・金銭などを介して維持されています。

身分社会は、親子・地位・血縁・親分・子分などによって成り立っている社会で、道徳心や伝統・風習などによって維持されているのです。経済社会学的には「古い社会形態」とも言われていますが、このような社会的分類は、欧米の経済学的論理によるもので、人類の平和や幸福、社会の安定や継続などの人間学的な観点からのものではないのです。だから、よりよい生活にとっては、どちらがより発展した、よりよい社会であるかの断言はできません。

日本は、世界で最も発展した、信頼や責任感を重視する信頼社会でした。ところが、経済発展と文明化に従って、国際的経済活動のための契約を重視し、不信社会へ変えようとしているのです。

しかし、信頼社会は日本の社会的遺産としての伝統文化であり、日常的な道徳心や価値観、生きがいなどには、まだ色濃く残っています。ところが、今日の経済活動中心の発展主義者たちは、経済学的に新しい社会として作文された契約を重視する不信社会を、文面通り実行することが社会的善であり、優先されるべきだと思っているようです。

② 社会生活に必要な道徳心

経済活動を中心とする契約社会で重要なことは法律で、社会生活を中心とする身分社会で重要なことは道徳心です。

法律は時の権力が一夜で作文し、変えることができますが、道徳心は社会的遺産であり、社会的善ですので、一世代で意図的に造ったり、変えたりすることが困難な伝統文化です。

私たち日本人は、日常的生活を営む範囲を〝世間〟と呼んでいました。今日では、その世間を社会と呼んでいますが、道徳心は世間に必要な規範であり、掟のようなものでした。

世間が社会になっても守る立場と守られる立場の人がいることに変わりはありません。いつの時代にも、社会生活を守る人々が、道徳心を教え、伝える努力をしてきました。さもないと、弱肉強食や金権主義になって、世間・社会が不安定になり、やがて崩壊、衰退するからです。

社会生活に必要な道徳心は、生活現場で見たり、聞いたり、感じたり、教えられることによって身に付くもので、社会人が共有していなければならない社会的危機管理能力でもあるのです。

③ 道徳心は世界に通じる文化

主義・思想・宗教・価値観などは、自然環境によって発想・創造されますので、地域的、民族的特徴があります。それらを統一するに武力戦争が絶えることはなかったのです。それと同じように、国際的な経済活動も単なる情報力・資金力・組織力などによる競争である限り、多くの不幸を招く経済戦争も留まることを知らないでしょう。

人類は、地球上のいかなる自然環境でも、同じように社会生活を営んでいます。生活の糧を得る方法はそれぞれ異なり、大小ありますが、社会を営む知恵・方法は類似しています。日本の大地に生きる日本人の社会的遺産である道徳心は、地球上のどこに住む人々の社会にも通じる社会的善でもあるのです。

嘘をいってはいけない、騙してはいけない、盗んではいけない、人を殺してはいけないない、脅迫してはいけないなど、ごく当たり前のことである道徳心は主義・思想・宗教を越えた生活の知恵・規範・戒めであり、世界に通じる共通の文化なのです。

国際的な経済活動を優先させようとする日本人は、まずは世界に通じる道徳心をしっかり身に付けて、自信と誇りをもつことが強く求められています。

④ 道徳心は社会的遺産

民族とは人間の形質的特徴ではなく生活文化を共有する人々の集合体のことです。これまでの日本では、両親が日本人なら自動的に民族的日本人であると思われていました。しかし、今日の国際化した日本では、民族的日本人が、社会的日本人であるとは言えなくなっています。ここで言う社会的日本人とは、日本に住み、言葉、風習、道徳心などの生活文化を共有し、社会的義務と責任を果たしている人のことです。

日本で生まれ育った民族的日本人の多くが、教えられなかったこともあって、社会的遺産としての生活文化を共有することの重要性を知らず、利己的・個人的になっているのです。

世間・社会を意識しないで、社会人としての栄辱を弁えない人は、協調性や忍耐力・向上心・信頼感の重要性に気付かず、安心、安全、満足な気持ちや余裕をもつことができないのです。

日本が、たとえ契約社会になったとしても、道徳心や信頼感を大切にしてくれる、大義を重んずる社会的日本人を、よりよい社会人と認めるよう、これからの教育政策に取り入れることが強く望まれています。

そのためには、これからの豊かな科学的文明社会に対応する、少年期の社会人準備教育として、社会的遺産を知らしめる生活体験や自然体験、野外伝承遊びなどの見習い体験的学習活動(体験活動)を通じて、生活文化を伝える事が一層重要になるのです。

3 今伝えること〝よりよく生きる〟

① 多様な能力

私たち人類は、自然環境に順応して生きるために、心身の鍛錬によって強健になる努力をすると共に、都合のよい環境をつくり、よりよい生活をするために、色々な工夫をこらしてきました。

人間以外の動物は、生活手段が牙や角、爪、毛や羽根などのように特殊化されていますが、人間はいかなる環境にも、いかなる環境の変化にも対処し、適応できる手段を案出する能力をもっているのです。そのため、生存手段としての適応能力は、多様性と言う重要な性質を生み出し、環境への適応性を高め、同じことでもいくつかのやり方ができるのです。

例えば、先にも記しましたが、食物を直接生で、または焼いて、煮て、蒸して、料理して……。それを手で掴んで、はしでつまんで、フォークで刺して……、または木の葉か、椀か、皿かにのせて食べるなど、いくつかの方法があるのです。その中から選び出して生活様式とした特定の方法が、それぞれの人間集団のもつ文化・民族文化ということになるのです。

② 社会的遺産

この地球上の自然環境は千差万別ですが、それに応じて人間の適応の仕方が変わり、考え方が変わって文化の違いを生み出してきました。民族が異なるから文化が異なるのではなく、人間集団を取り巻く自然環境が異なるから文化が異なり、民族が生じてきたのです。ここで言う民族とは、人間的特質ではなく、文化を共有する人々の集団のことです。

文化は、見えないものを見る力、聞こえない音を聞く力、判断力、応用力、戒めなどの生活の知恵であり、その土地にある独自性の強いものです。ここで言う文化は、社会に共通する価値観や生活様式であり、巡り回く自然とのかかわりの強い、社会的遺産としての生活文化のことです。

自然環境に順応して生きる知恵としての生活文化は、長年に亘って伝承され、その土地になじんだ衣食住のあり方、風習、言葉、考え方や戒めなどの生活様式であり、社会遺産としての伝統文化のことです。だから、日本列島に住む日本人は、日本の豊かな自然と生活文化を信じ、住みよい所であると思うことがよりよく生きる必要条件です。

③ 万民共通の真理

自然は万民共通の絶対的真理であって、人によって向き、不向きは関係ないので、自然を科学的に知ることは、学問や技術のために大事なことですが、自然と共に生きるためにはそれほど重要なことではないのです。むしろ、自然そのものを信じ、豊かな所だと思って活用することの方が大事です。

私たちがよりよく生きるに必要な文化には、社会の全員によって習得されるものと、選択によって選び出されるものがありますが、生活文化は、自然環境に順応して生きる人々の集団から受け取る社会的遺産なので、自分の属する社会から学び取る努力をしないと社会生活に支障をきたすことになります。

私たちが日常生活でそれほど意識しないで為す、さまざまな生活習慣は、先祖代々に培われた生活文化で、時は流れて人は去りますが、世代ごとに代わるものではないのです。むしろ、変わり難いものです。

④ 人類は愉快な動物

これまでの人類は、自然の厳しさによって育て上げられてきました。地震や津波も、台風、乾燥、暑さ、寒さ、湿度も、自然現象の一つで、これらを恐れていては楽しく元気によりよくは生きられません。重要なことは、いつ、いかなる時代にも、こうした自然現象に対応する知恵と体力や精神力を身に付けておくことです。

人間は生存手段を超生物的な文化によっているが故に、それらを身に付けるような大変弱い裸の状態で生まれ、生後の学習によって誰か他人から学び取られなければならないのです。そして、親や大人は、社会的義務として社会の後継者を育成するために保護し、よりよく生きる力としての生活文化を教え、伝えてやらねばなりません。その期間も十四、五年と長く、幼少年時代に数多くの他人を媒体として、身に付けなければならないことが多いのです。

われわれ人類は、よりよく生きるために多種多様な文化を育んで今日まで生き延びてきました、生命力の大変強い愉快な動物です。そのことをしっかり伝え、日常生活に必要な生活文化をより豊かにして、各自がよりよく生きることが、社会の安定、継続に最も必要なことです。

4　他人を気遣う気配り

――人は、よりよく生きるために学び、働く動物――

小学五年生から中学三年生までの子どもたちが、一班十人の異年齢集団で共同生活をする、一週間の生活体験学校を開校しました。

東京の杉並区立小学校の校庭にテントを張って、男女四十名の子どもたちが四班に分かれて、八月四日から十日まで生活したのです。彼らを見守るスタッフは総勢十五名。子どもたちは、集団生活に慣れないこともあって、自炊も生活労働も団体行動もなかなかうまくいきません。だから、どうしても班内にトラブルが起きるのです。

四班は男ばかりの十名と大学生の班長一人による共同生活。小学五年生が四人、小学六年生が三人、中学一年生が三人でそのうち一人がグループリーダーです。

小学六年生の小柄なI君は、大変元気がよく、中学生を御するようなところがあり、よくしゃべります。手が動くよりも口の数が多く、班の中で浮き上がっていました。その彼が小学五年生たちにあれこれ指示をしますが、なかなか動いてくれません。

三日、四日と経つに従って口達者なI君の態度は中学生を凌いで横柄になってきました。しかもやや利己的で小学五年生たちに厳しく当たります。その上、小学六年生の同級生たちともうまくいかず、班長やスタッフたちに不満をもらし、自分はさも一生懸命やっているごとく話していました。

五日目の夜、五年生たちの不満が興じて、I君に反抗しました。夕食後、I君は五年生たちに向かって怒りを爆発させたのです。それを見ていた中学一年生たちがI君を批判しました。そして、五年生たちの肩をもつような態度を取ったのです。

I君はそれが気に入らなかったのか、班員たちにあれこれ批判がましく声高に話していました。そのうち、班の全員から反発されるようになって、彼は居場所がなくなりました。結局午後十時過ぎて寝る時間になってもテントの中に入らず、外で騒いでいるのをスタッフの一人Tにとがめられました。

彼は四キロメートル離れた家に帰ると言って、Tが止めるのを振り切って門外に出ました。T

は二百メートルも追いかけてやっと引き止め、小雨が降り始めたのでコンビニエンスストアの中で彼をなだめました。

Ｉ君は、今夜はもう遅いので明朝家に帰ることに同意しましたが、テントに戻ることはどうしてもいやだということになったのです。

学校の二階にある視聴覚教室は冷房が入っており、六十歳以上のスタッフ二人が寝ていました。ＴはＩ君をその部屋に連れて行って寝かせたのです。

生活体験学校の責任者である私は、午後十一時半にその報告を受けましたので、すぐにＴを呼んで、Ｉ君を体育館の中に一人で寝かせるよう指示しました。

「Ｉ君が可哀そうなので、朝まで二階で寝かせてやってください」

Ｔは私に迫るように言いました。

「駄目だ、体育館に一人で寝かせなさい」「体育館は暗いしクーラーもないですよ」「だから罰として体育館に寝かすべきだ」

私は不満げなＴに一方的に指示しました。

その後、Ｔと他のスタッフが、寝入っていたＩ君を起こし、広い体育館の隅にマットを敷き、寝袋で寝かせました。

「よかったよ、彼は今夜のうちに何かに気付き、明朝は班に戻るだろう」

Ｔやその他のスタッフが、怪訝そうな表情で私を見ていたので事情を説明しました。

Ｉ君が、今夜二階のクーラーのある部屋で他のスタッフと共に寝ると彼は気持ちよく安心して眠るでしょう。しかし、広くて暗い体育館で寝れば不安と孤独に駆られて一人でいろいろなことを考えるはずです。もしかすると、淋しくて眠れないかもしれません。

もし、I君が今夜反省することなく寝入ってしまえば、人間的に成長する機会を失うことになります。小学六年生ならもう自我の覚醒が芽生えていますので、暗い所に一人でいれば、いろいろなことを考え、反省するでしょう。特に暗闇は人を孤独にし、不安がらせ、淋しさを感じさせます。だから、必ず仲間が恋しくなり、自分の為したことを反省し、人を思いやる心が芽生えるでしょう。もし、彼が反省することなく、明朝家に帰るようなことがあれば、I君は一生子どものままで将来に希望がもてないのです。われわれは生活体験を通じて人間教育をしているので、一時の情に流されることなく、子どもたちが成長する機会と場を与えてやるよう努力することです。

I君には厳しいようですが、体育館で一夜を過ごしたことは一生忘れないでしょう。彼にとってはよい薬になるでしょうから、明朝が楽しみなのです。私の説明を聞いたスタッフたちは納得してくれ、十二時過ぎてテントに入りました。

ところが、八月八日の深夜過ぎから雨が大きくなり、朝の午前三時テントの床に水が入り、全員が体育館に移動することになったのです。午前四時半までに引っ越しを終えて、全員が体育館で寝ましたが、I君は離れた隅で一人だったのです。

朝六時半全員起床しました。四班の班長に指示し、寝起きのI君を迎えに行かせました。I君は何も言わず、素直に班長について戻ったのです。その後はいつものように班の皆と共に共同生活をし、皆からも糾弾されることなく、最後まで頑張りました。

体育館での暗闇は、きっと彼が大人になるための、他人を気遣う心を芽生えさせるきっかけになったのでしょう。

5　われらは生きている

①　ヒトは弱く生まれる

人の子のヒトは、動物界の中で非常に弱い状態で生まれてきます。身を守るための力を何ももたず、言葉を話すことも二本足で立って歩くことも、食物を手にして食べることもできないのです。

十月十日の月満ちて生まれてくる赤ん坊であるヒトの身体は、人の型をしていますが、最も重要な脳が未熟の状態でわずか四百グラムしかないのです。その脳は、生後六カ月で二倍になり、七、八歳で大人の九〇パーセントに達し、身体のどの部分よりも早く発達するそうです。

他の動物の仔は、早いと数日間、遅くとも数年で、親とほぼ同じような状態になります。ヒトは人になる可能性のある幼少時に、人に育てられないと、人になるための言葉や態度、習慣などが身に付き難いのです。それは人であるための役目を果たす脳の発達初期に、人間らしく作用する基本（ハードウェア）がしっかり作られないからです。

ヒトは昔も今も、そしてこれからも、人になる可能性をもって生まれた、非社会的、非文化的な動物的人間なので、人に護られ、人に育てられ、人になるための訓練が必要なのです。

② 人は社会的に強く育つ

ヒトは、人に護られ、人を模倣し、いろいろな体験によって育ち、十歳前後までに脳の神経細胞が発達して、考えて、創造する能力（ソフトウエア）が培われて、やっと社会的、文化的な人になるのです。

人とは、二足直立歩行ができ、家族という社会的単位をもって、言葉を話す霊長類のことですが、今日では家族が崩壊しかけています。

人は、生きるための力が他の動物のようにＤＮＡ（遺伝子）に組み込まれておらず、生まれた後に、模倣と訓練によって他の動物にはない創意工夫する能力を培い、十五歳頃までに言葉や技術・態度や価値観などの生活文化を身に付けて、社会人として一人前になり得るのです。

人は見習い体験的学習を通じて社会を営む知恵を身に付けることによって、他のいかなる動物よりも心身共に強い状態の社会人に育つのです。

③ われらが共有する文化

人は肉体と精神によって生かされています。肉体を生命としますと、生命あっての精神であるので、生きるに値すると思うことは、精神によって規定されるのです。

その人は、集団と個が対立するのではなく、いかなる個も集団的規定をなくしては存在しえないのです。ということは精神によって認知される文化を共有することです。

人の文化的共通性のある集団を〝社会〟と呼びますが、社会とは、共通性のある個人が信頼によって、または規約の下に集い合っている状態のことです。

ここでの〝文化〟とはその社会で培われ、社会の人々に共有され、伝承される〝生活様式〟、すなわち生きるに値すると感じられる〝生活文化〟のことです。この文化は、いたるところで人の生活を規制し、社会的圧力をかけていますが、集団の永続と結束を図るようにできており、秩序ある生活と個人の精神・気持ちを満たすものです。そのため、この生活文化を共有しないと社会は崩壊しがちになります。

社会を文化的にまとめた集団を〝民族〟と呼ぶのですが、民族とは共通の生活様式をもち、同一集団に帰属意識（アイデンティティー）を強くもつ人々のことです。ここでいう生活様式とは、その土地になじんだ衣食住の仕方、あり方、言語、風習、価値観、道徳心、道具、家屋などの生活文化のことです。

私たちが日常生活でそれほど意識しないで為す、いろいろな生活習慣は、先祖代々の長い間に亘って自然環境に順応する知恵として培われた伝統文化で、われら社会人にとって共有することの必要な、生きるに値すると思われる文化なのです。

④　歴史的社会に生きる

人は弱く生まれ、強く育ち、やがて死にます。しかし、何世代、何十世代と繰り返し、これからもずっと同じように繰り返すことを信じて、歴史的社会の人として生きているのです。

その世代世代に地位や名誉や利益を得ようと努力、工夫することや、喧嘩やテロや戦争をすることも、歴史的社会に生きていることの証明でしかないのです。しかし、一万数千年の文化的歴史をもつ人類が、少しも変わっていないことの証明ではありません。人はいつの時代にも文化を培い、よりよく改善する努力と工夫を重ねてきました。

われらが人として生きているということは、社会に拘束されていることです。ということは、人は一人では決して生きられないので、社会を信じるしか生きる道はないということです。

人が社会的に生きるとは、模倣と訓練によって生きるに値すると思われる道徳心や風習、言葉などの生活文化を習得し、己を強くして心を開いて楽しく暮らし、社会を信頼することなのです。それは誰かの側にいると安心、幸福、満足な気持ちになれることでもあります。

⑤ 生き生きてここにある

人は誰もが先祖たちの多くの経験や知恵を引き継いでいます。その長年の経験値としての〝生きる知恵〟を、この世に残すための努力や工夫をしようとしない老いた人は「老人」とは言えません。

「敬老の心」は老人たちが、古代からの知恵を青少年に伝えることによって、若い世代に自発する感情なのです。

寿命が延び、人生八十や九十年となっても、六十五歳以上は社会的な老人なのです。老人とは、多くの経験や知恵のある人を意味する社会的用語であるのに、今日の高齢者たちは、七十歳になっても「老人」と呼ばれたくないと言うのです。彼らの多くが好む「熟年者」は個人的な言葉なのです。

社会の高齢者が、個人的な熟年者としての自覚だけで、老人として文化伝承の役目を果たしていないとすれば、彼らは文化的な泥棒です。

少子化による少年たちが問題になっていますが、義務教育の先生方が、単に進級や進学のためだけに学校教育があると考えているとすれば、彼らは税金泥棒です。

十五歳以下の、まだ社会意識が十分でない子どもの社会的責任は、保護者の親にあります。子どもが、泥棒などをしない、よりよい社会人に成長することを願わずに、義務教育を受けさせている親たちも税金泥棒なのです。

今日の青年は、大変楽天的、刹那的で個人主義の傾向が強いのです。特に、男子は社会貢献に消極的であるといわれています。社会意識が弱く、権利と主張の強い青年たちは、社会的義務と責任の泥棒なのです。

人間の生き方はさまざまですが、最も容易で、低俗な生き方が〝美的、享楽的な生き方〟です。無教養で貧しい人々にとっては、道徳心や倫理観は腹の足しにはなりません。だから、盗んででも欲しい物を手に入れようと思いがちです。しかし、古代から「人はパンのみに生きるべからず」という倫理的な生き方が必要なために、よりよい教育が望まれてきました。

日本はこれまで、世界に例のない〝信頼社会〟で泥棒が少なく、あらゆることに〝頑張る人〟が多かったのです。しかし、今では、頑張らない平等主義と個人的欲望を満たすための享楽的文明社会と化しています。それでは歴史的社会に生きている自覚がもてず、孤独で刹那的にならざるを得ません。

われらは生き生きてここにあります。個人的には死ねば無になりますが、社会的には遺伝子のごとく永遠です。

信頼できる人々のいる社会に所属する意識をもつことこそ、われらが楽しく元気に生きている確かな証しなのです。

――若き友よ、われらが社会を信じて、精一杯生きようよ――

四　文化的独立

1　独立した創造する学問

①　学力よりも大事なこと

国際機関が二〇〇三（平成十五）年度に行った「生徒の学習到達度調査」と、「国際数学・理科教育動向調査」の結果が二〇〇四年末に発表されました。そして十数年前と比べ、日本の子どもの学力と学習意欲の低下していることが遅ればせながら分かりました。

それを受けて、教育関係者の多くが、慌てふためいて右往左往し、教育の社会的目標を鮮明にせず、再び学力向上を金科玉条のごとく訴えるようになりました。

日本は素晴らしい文化的社会遺産のある豊かな広い国で、経済活動においては、すでに欧米に追い付けています。今更、欧米に追い付け、追い越せ式の知識偏重の学力向上教育を至上命題とすべきではないのです。学力向上はもちろん必要ですが、それ以上に、この豊かな科学的文明社会に対応して、生きるための新しい教育観による人間力を培うことが大事です。教育は、少年期の学校教育における学力向上のためだけではなく、長い人生の青壮老年期をよりよく生きる、人間力を培うためにも必要なのです。

② 社会意識の弱い日本人

子どもは、人間の形をした動物的人間として生まれます。それを見習い体験的学習や教育によって、文化を共有する社会的人間に育成するのです。放置すれば、大半の人は社会化・文化化が弱くなります。

日本の学校教育は、子どもを大人と同じように認めて評価し、個性尊重・自主性・主体性・自由平等によって、社会的、人間的教育をせず、知識と技能の詰め込みを重視してきました。

半世紀以上も続けてきたこの民主教育には、地域・社会・国がないのです。そして、社会遺産としての文化、伝統が認識・評価されていません。人類愛、国際化、経済力という絵に描いた餅を追い続け、自然なる大地と共に生きる基本的な理念を忘れた、表面的、物真似的な知識偏重教育であったのです。

そのため、多くの日本人が自信と誇りを失い、主体的発想と社会意識が弱く、外部・他国からの批判・注文を気にし、嫌われないように、問題が起きないように、戦争や不和が起きないようにと心を配っているのです。

それらを見、聞いて育った若い世代の多くが、日本国の後継者としての社会意識が弱く、人類共通の道徳心や学校で学ぶことの社会的意義すらも理解できなくなっています。

③ 国語力こそ人間力

いつの時代にも子どもに責任はありません。子どもは大人によってどのようにも育てられるのです。それを子どもは自ら育つという大人が多くなっていることは、社会人としての正しい教育を受けてこなかったために、子どもの育て方すら知らない未成熟な大人が多いからだとも言えます。

何より、頑張らなくてもよい、好きなようにすればよいと言われて育てられる今日の子どもにとって大きな問題は、「学習意欲低下」と、「読解力・理解力・表現力・判断力の低下」です。

読解力などは、言葉に付随した体験活動が必要で、文章を読むだけで培うことはできません。学力の基本は、昔も今も、そして未来においても母語による読解力、理解力、表現力によるものです。国語力こそ学力であり、人間力なのです。よりよい大人になるためには、少年期により多くの遊びや観察、実験などの体験活動を通じての言葉を覚え、より多くの文化を共有することです。

④ 創造する学問

公教育は、子どもを社会化・文化化し、社会意識を高めるために為すものであり、学校教育における学力向上にも、社会人としての人間力向上にも必要な手段です。

しかし、今日の日本の教育界は、子どもたちが国語も十分に理解できないのに外国語を教え、社会意識もないのに国際化を教え、労働意欲もないのにボランティア活動を教え、隣人を愛することも知らないのに人類愛を教え、自然環境も知らないのに自然保護を教え、学ぶ意義も知らないのに学力向上を強いています。大人たちが力も自信もないので、子どもたちに期待しているのでしょうか。

日本の戦後の民主教育とは、誰が、何のためになしてきたのか……?。そのことを確認もしないで半世紀以上も続けてきた日本人社会には、独立した学問が育っていないのです。

いかなる国においても、独立した学問がなければ、独自性がなく、他国の真似ごとに終ってしまいます。社会が行き詰まり、困った時に最も重要なのが学問であり、学者です。だから、博士号をもった学者が尊敬されない社会は安定、継続しないし、本当の意味の力を備えることもできないのです。

日本人が、日本のための独立した学問を創造し、日本のための教育を大切にしていけば、日本はいかなる国際化時代にも対応できる豊かで広い国なのです。

2「日本」という土俵の上で

①個人性重視の教育

憲法や教育基本法が半世紀以上も棚上げされていますが、今やっと改革、改善の論議が活発になってきました。しかし、その内容が、主義、思想、宗教、政党によって勝手に解釈されるので、「日本」としての共通性が感じられません。

憲法が施行された戦後間もない一九四七（昭和二十二）年は、アメリカを中心とする連合国の植民地であり、社会の治安と食べることが最優先されました。そして、日本人の社会的共通性や伝統文化などは、二の次、三の次であったのです。しかし、その後も、被植民地時代と同じ法律の下で、〝食える社会を作るために〟の理念でがむしゃらに働き、自主独立の気概をなくしました。

われわれ日本人は、社会の安定、継続に必要な社会遺産としての生活文化を、半世紀以上も無視し、個性と個人性を取り違えた、個人性重視の教育を続けてきたので、自分が寄りて立つ国としての社会意識が弱いのです。そのため、社会人にとって当たり前の〝国を愛する心〟についてまで、国会で議論されるような羽目になってしまいました。

②私利私欲の社会

日本各地で、各人の見解によって教育問題が討議され、巷の財界では、市場原理による拝金主義が罷り通っています。

「カネもうけをしてどこが悪い」

「カネで買えないものはない」

「法律さえ犯していなければ、何をしてもよいだろう」

カネもうけしても悪いことはないのですが、道徳心が必要です。

戦後のアメリカ民主主義教育を受けてきた日本人には利己主義者が多いですが、彼らには、〝世間〟と呼ばれてきた、社会的善としての〝道徳心〟が十分に認識されていないのです。だから形式的な人類愛、国際主義者ではありますが、日本の日常生活に必要な、隣人愛や祖国愛としての具体的な社会意識が弱く、大義に欠けるのです。

そのため、社会の安定、継続、繁栄に最も重要な、人づくりの手段としての教育を目的化し、市場経済原理による拝金主義の教育産業にすりかえて、私利私欲を謳歌する社会になり下がっています。それ故に、欧米諸国と同じように、スポーツを職業化し産業化していながら、公的賭博の対象とし、青少年教育の資金を作るためなどと主張しています。

③ 社会遺産としての道徳心

人類の歴史は数百万年と古いのですが、記録のある有史としては、まだ数万年、確かなことは一万五、六千年だと言われています。

われわれ人類は、有史以来、生き延びるための闘いを、個人的にも集団的にも幾度となく繰り返してきました。この地球上に、戦いの歴史をもたない民族は存在しません。

戦いは、対人だけではなく対自然の場合が多いのです。いずれにせよ、あらゆる戦いによって、よりよい文化と文明を作り出して、よりよく生きるための努力と工夫をし、社会の後継者である青少年の育成に尽力してきました。その結果が今日の人類であり、日本人です。

われわれ日本人の祖先が、日本列島の自然環境に順応するために作り出してきた、衣食住、言葉、道徳心、風習などの生活文化は、数千年の歴史によって培われ、今日まで伝承され続けてきた社会遺産です。

科学技術の発展した豊かな社会に住む今日の日本人は、自然環境とのかかわりが弱く、合理的、機械的、市場経済的、金権的な生活に没頭し、先祖からの社会遺産に無関心な人が多いのです。そして、社会人が生きるに必要な手段をカネもうけのために目的化し、社会遺産としての道徳心や食文化などを次の世代へ伝える義務と責任を感じていないようです。

④同じ土俵に上がろう

今や日本の大相撲界は世界の中から力士が集まって、国際色豊かになりましたが、伝統的な日本の土俵で相撲が行われています。それは、異文化育ちの外国人でも、相撲界の伝統や規則がしっかり伝えられており、同じ条件で同じ土俵に上がって取り組みがなされているからです。

人間は、本来利己的な動物ですが、一人では生きられないので、他と共に生活するに必要な理性が発達しています。

二人以上が共に生きる社会は暗黙の了解事項である生活文化としての信頼心や協力・協調が必要です。日本人社会に共通する生活文化としての道徳心を身に付けていないと、お互いに同じ土俵に上がって相撲を取ることはできないのです。

法律は、時の権力が制定した規則ですが、道徳心は、先祖からの贈りものとしての社会遺産です。社会の安定・継続にとっては、社会的善としての道徳心が、法的善としての規則に勝るとも劣らない力をもっています。

日本のいかなる政党や主義、思想、宗教団体の人々でも、日本の憲法や教育基本法、社会保障、市場経済活動、カネもうけなどについて話し合うには、まず、日本人に共通する道徳心によって、同じ土俵に上がらなければ、いくら時間をかけてもなかなかまとまらないし、分かり合えないのです。

地球広しと言えども、日本の大地に住む日本人には、日本国の安定・継続する力なくして、平和も安心も社会的保証もないのです。

3 日本人としての自己認識

① 日本人的文化観

人類は、古代より食べ物を採ったり、栽培したり、保存したり、料理することによって自分たちの生活文化を培い、そして、子孫へ伝える機会と場にしてきました。

日本の大地で昔から栽培されてきた作物は稲や麦、粟、稗、豆などでしたが、米を中心とする文化体系が組まれていました。

稲は単なる農作物ではなく、七世紀末に大和朝廷としての日本が建国されて以来、税としての米や貨幣米として国家に管理されてもいたし、人々に生きる喜びや悲しみ、怖れや希望、季節感や故郷感、そして祭りや年中行事としての神事にも通じていました。

稲作の共通した生産労働による〝結い制度〟などによって、価値観を共有する生活共同体は、先祖代々に知り合った絆の強い信頼社会を形成するに大きな役目を果たしてきました。

日本人は、集団で定住し、お互いによく分かりあい、共通の言葉、価値観や道徳心、風習などがあり、〝世間〟と呼ばれる社会意識が強く、嘘をつかない、騙さない、盗まないなどの暗黙の了解によって、協力・協調の和を尊び、恥をかかない精神的作用の強い信頼的文化を培ってきたのです。

② 稲作文化と天皇

稲は、奈良、平安時代から千数百年もの長い間に亘って日本人を束ね、文化を育み、食生活を豊かにし続けてきました。極論すれば、稲が家族の絆を強めて定住させ、日本人たらしめ、天皇制を維持・継続させてきたとも言えます。

継続機関としての天皇に即位するために欠かすことのできない「大嘗祭」は、天皇が即位後、初めて行う新嘗祭のことで、大変重要な儀式なのです。

大嘗祭のために、あらかじめ吉凶を占って選ばれた水田・東の悠紀の田圃と、西の主基の田圃で神饌のための稲を栽培させて、米を奉納させました。これからしても、天皇は単なる権力者ではなく、稲作農耕民にとって最も大事な種籾を保持し、食料を司る権威者でもあったのです。その名残で、天皇は今も毎年春に稲を植え、秋に刈り取って種籾を保持しているのです。

大嘗祭が始まったのは、紀元六百七十三年に即位した第四十代の天武天皇の時代で、それ以来新しい天皇が即位する度に、奈良や京都より東と西の二カ所から必ず米を奉納させました。

平成の今上陛下は第百二十五代なので、途中何代かは欠けた（欠けると天皇としては認められないのですが）としても、百五十カ所以上の地域が、天皇の子、氏子になっているのです。日本国のほぼ全域が、大嘗祭を通じて天皇とのつながりができ、形式的には絆の強い一つの家族のようになっていたのです。

③ 人類の理想は信頼社会

私は、もう四十五年以上も地球上の諸民族を探訪し、いろいろな国の人々に共通して尋ねたことがあります。前にも記しましたが、それは、「どんな社会を望むか」でした。その答えの大半が「信頼できる社会」、「信頼できる仲間がいる社会」でした。

大陸の乾燥地帯や草原、荒野などでは、草や木や水が乏しく自然環境が厳しいので、同じ所に長く定住するのは困難です。しかも定住しようにも略奪や侵略戦争、部族や民族間の抗争が絶えないので、否応も無く移住せざるを得ないことが多く、いつも敵を意識して不安に駆られているのです。

動物を飼育する牧畜の民は、季節ごとに草や水を求めて移動する遊牧生活です。彼らは、移動の先々で数週間から数カ月の短期間に臨時的に集団生活をすることはあります。しかし、風俗習慣や言葉、価値観などの違いから摩擦が多く、個々の責任の下に行動せざるを得ないので、人々は虚飾的で自己主張が強く、表面的な明るさと親切心を装い、独立心が強いのです。

日本以外の大陸の人々は、自分が住んでいる社会、国や仲間を疑っています。何より多民族、多文化、多宗教の異文化、異民族の集合体なので、猜疑心の強い不信社会なのです。その他人を疑う心情から社会生活を営む知恵や商業習慣が発生していますので、一人一人は個性の強い生き方、考え方をもっており、大変利己的です。

大陸の不信社会に住む多くの人々は、自信あり気に自己主張しますが、不安や不満が強く実際には信頼できる仲間がいる信頼社会を望んでいるのです。

④ 日本人の心の保障

人は誰でもよりよく生きるために学んで、働いているのですが、よりよく生きている精神的な喜びは、他人との拘わりや自分の価値観による納得が必要です。その納得する心の保障としての価値観には、「こうしていれば大丈夫」という日常生活の知恵、あり方としての生活文化の共通性が大事なのです。

日本の生活文化は、自然環境に順応して生きてきた先祖たちが、長い長い歴史を積み重ねて培ってきたものです。その稲作文化を中心として生きてきた先祖たちの生活文化を無視しては、今日の豊かな工業立国日本でも徐々に安心、安全感が薄れ、高齢になるにつれて心の保障、心のよりどころを失って不安が増してくるのです。

私たち日本人は、この四、五十年間、科学技術の開発、発展、そして経済活動に邁進し、子どもたちに先端技術や情報的知識を習得させることには熱心でしたが、日本人として安心・安全に、よりよく逞しく生きるに必要な家族の絆や生活文化を伝える、社会化教育にはあまり熱心ではなかったのです。

しかし、これからの国際社会では、日常生活を安心・安全に賢く逞しく生きるに必要な、心の保障としての生活文化をしっかり伝え、日本人としての自己認識を高めるため、少年教育としての集団活動が必要なのです。

4　先憂後楽の知恵

① 文明社会の諸現象

自然と共に生きてきた私たちは、より豊かに、安全に、幸せに生活するために、いろいろな道具を生み出してきました。ところが、その文明器具が、私たちの価値観や生活観・行動様式にまで大きな影響を及ぼすようになりました。

文明器具の洪水によって、心や体が蝕まれるようになってしまっては、文明化の意味を失うことになります。

文明化の象徴として機械化・合理化・消費化が社会に深く浸透しました。そしてその結果、文明人たちは、なるべく体を動かさないで目的を果たすような合理的な生き方を好むようになりました。そのせいか、利己的、利那的、欲望的で社会性が乏しく、ストレスに悩む人が多くなりました。それは、社会人の基本的能力未発達性症候群的現象でもあるのです。

利己的な人々が集う社会は、中性化・幼稚化・金権化・ボーダレス化などが進み、刹那的で欲望的となり、汚職や犯罪の多い弱肉強食の不安定社会となります。

今日こうした不透明な文明社会の諸現象の中で生まれ育った子どもたちは、いじめや登校拒否、非行や暴力、アレルギー反応などの度合いが強くなり、心身のバランスを失いがちになっています。

② 知識者の対処主義

文明社会の多くの知識者たちは、諸々の社会現象の対応策に安易な対処療法を考えます。まるで〝木を見て森を見ず〟的な悪い部分を切り取るか、隠してしまうような対応策では、根本的な解決にはなり得ないのです。

例えば、いじめ防止に小学校にカウンセラーを置いたり、選挙の投票率を上げるための若者たちへの対策などは、青少年教育の目的を見失った安易な処置でしかないのです。大切なことは、子どもの心身を強くし、若者の社会意識を高めるための予防療法です。

青少年の育成は、短期間にできるものではありません。理屈ではなく、日常生活の中に、よりよい社会人に育つ種が蒔かれているものなのです。十五歳の少年少女は十年以上の日々の生活が、二十五歳の若者は二十年以上の生活が積み重ねられています。十五歳や二十五歳になって急に対応するのでは、学者たちの調査・研究した結果に対応する資料による画一的対処でしかありません。

③ 知恵者の予防療法

人は生まれながらにして文化や文明を身に付けているわけではなく、日々の見習い・見覚えによる学習と訓練によって、よりよい社会人に育っていくのです。

今日社会問題になっているいじめ、登校拒否・非行・暴力などは、古代から変わらないごく当たり前の子ども社会の現象です。

しかし、このような現象がそのまま青壮年社会にまで広がると社会が維持し難くなります。そこで経験豊かな大人である知恵者たちが、予防療法として、五、六歳から二十五歳頃までに、さまざまな対応策を施してきました。それが、幼少年時代に家庭中心に行う〝しつけ〟と呼ばれる習慣的能力の養成であり、青少年時代に地域社会中心に行う〝素養〟と呼ばれる精神的能力の養成であったのです。それらの大半は、異年齢集団で行われる見習い体験的学習活動の機会と場を与えることでした。

知恵者は、ものごとの経過を大切にし、結果を洞察する力をもっています。十歳の少年が二十歳や四十歳になった時のために、今何をなすべきかを伝えることのできる人こそ知恵者です。それを考えず結果に対処する人は知識者でしかありません。知恵者の青少年教育は、「先憂後楽」

的な予防療法で、発達段階にふさわしい見習い体験的学習活動、すなわち体験活動の機会と場を作ることでした。

④ 楽しく元気に生きるために

私たちは、人生を面白く楽しく意義深く暮らしたいのです。より健康で、明るく、楽しく、安心して、元気に生活するためにより多くを学び、よりよく働くのです。

しかし、そのためには忍耐力、努力、工夫が必要です。しかも、厳しさのないところには楽しみも、面白味も持続させることはできません。

私たちにとって、考えることは容易ですが、行動することは苦難が多く、結果を確認することは一層辛くて厳しいのです。〝為すことによって学ぶ〟ことは、過去、現在、未来いかなる時代にもごく当たり前のことなのです。

明暗や苦楽は対を為すことによって、その価値が分かるように、努力して学び、苦労して働く厳しさの中にこそ、本当の楽しさを発見することができるのです。

人材不況といわれる今日の社会現象は、私たちがこれまでの人類の英知を忘れ、頑張らなくていい、ありのままでいいなどと言ってあまりにも短絡的に、しかも容易に、物欲の虜になった結果です。

古代より続けられてきた知恵者たちが実践してきた社会の後継者づくりである青少年教育は、より明るく、楽しく、元気に安心して生きるための先憂後楽的な人づくりでした。

5 世界一の統合国家

① 豊かな自然と信頼社会

南北に長い列島国日本は、世界でも珍しいほど食料資源の豊かな、四季のある自然環境に恵まれています。

そのため、日本人の特徴は、季節を追いかけ、征服するよりも、自然なる神の恵みを待ち、それを採って食べたり保存したり、加工する「待ち」と「工夫」の生活文化です。

古来の日本では、四季の特徴を利用し、応用して、狩猟・採集・漁労・栽培農業をたくみに取り入れた社会生活を営んでいましたので、少々人口が増加しても食料が確保でき、海辺や川沿い、山裾などに定住して村社会を営むことができました。そして先祖代々知り合った仲間集団で、家族のような共同生活と信頼感による価値観や道徳心が培われ、協調・協力し合う信頼社会が成り立っていたのです。

② 信頼と絆の社会的保障

日本人の生活文化は、基本的には生産力の豊かな自然を崇拝する価値観によって培われてきました。その共通の価値観によって人を信頼し、助け合う絆となって、家族愛、郷土愛を促し、社会的な心の保障がなされていました。

ところが、今日は多くの日本人の価値観が欧米化し、全てが物やお金中心です。しかも、労働は物を作り出すのではなく、金が金を生む〝マネーゲーム〟になっています。そして、暴れるマネーを制御する方法を知らない社会的危機に立たされ、不信感にさいなまれているのです。

不信的階級社会である欧米の社長の年俸が十億や二十億円であり、日本でも日産のゴーン社長やソニーのストリンガー会長の年俸が八億円以上だというのは、価値観が金や物による金銭的報酬でしかないからです。日本人社長の年俸が欧米と比べて低いというのは、統合された信頼的平等社会の価値観はお金や物だけではなく、信頼心や協力・協調などの社会的報酬があるからです。

社会が発展するための経済活動に金は大切ですが、金もうけや工業化は手段であって、目的である社会の安定、継続には信頼や絆に勝る社会的保障はないのです。

③安全・安心な統合国家

世界の大半の国民国家は、多民族、多文化、多宗教の民主主義的議会政治で、今も国家の統合を第一目的としています。

ところが、世界の中では大変珍しい単一民族国家に近い日本は、戦後、米国式の多文化主義を取り入れましたが、すでに統合が成立していましたし、やがて貧富の差が小さい安定した国民国家にもなりました。

日本は稲作文化を中心とする社会を営んできましたが、種籾を保存し管理する司祭的役目を果たしてきたのが天皇家であり、天皇は、権力よりも権威的存在で、統合の象徴でした。

日本は古くから権威と権力の両立する社会で、権力は交代しますが、権威の天皇家は今も継続し、稲作文化による安全・安心な統合国家は、天皇を中心としてきたのです。そのため、政治力と金による権力が強かろうが弱かろうが、日本の国体は千数百年も続いているのです。日本の安全・安心は、外交力や武力、経済力だけでは守れないし、国際化や地方分権によるものでもないのです。それは夫婦同姓の家族の絆をしっかり培った信頼社会による、権威を重んずる統合国家としての国民が、共通の生活文化をもつことによって保たれているのです。

④ 人材育成の文化的遺産

私たちが働くのは、単にお金や物を得るためだけではなく、よりよく、より長く、楽しく、元気に、安心して生きるためです。私たちが大変な犠牲を払う青少年教育は、よりよい社会人である国民を育成して、社会の安定、継続を図るためなのです。

日本に古くからあった家庭や地域社会の教育力は、信頼社会を維持、継続させるために大変大きな役目を果たしてきた文化的遺産でした。その上、明治時代になって近代的な学校教育が発達、充実して民度を高め、世界に例を見ないほど、社会の発展に役立ちました。しかし、前の敗戦によって自信を失った日本の教育は、単に進級、進学、就職するための個人尊重で、社会の恒久資源（文化的遺産）としての人材育成にはなっていませんでした。

半世紀以上もの間、右肩上がりの発展と豊かさを追い求めてきた今日の日本を、根幹から揺るがせているのは、人材不足による内部衰退です。

これからの経済活動は、ますます国際化、グローバル化、情報化しますが、日常生活は決してグローバル化はしません。

私たち日本人は、世界一平和で豊かな、しかも長寿である統合国家に誇りと自信をもって、国民としてよりよく学び、働き、元気に生きることに喜びを感じることが必要です。

6 生活文化としての春入学

① 教育の社会的目標

いつの世にも人材を育成する教育政策は、長期的展望のもとに慎重を期するものですが、戦後の日本は主権のない社会状態で短期間に作られたせいか、社会の後継者づくりとしての公的側面が弱く、私的側面が強い知識や技能の習得を中心としてきました。

教育は学校教育だけではなく、家庭や地域社会の教育もあるのですが、戦後は学校中心に考えられ、社会性や人間性を培うにも座学論が強く、社会人の資質向上はないがしろにされがちでした。

いかなる民族、いかなる社会でも公教育の基本的目標は、社会の安定、継続に必要な共通性のある言葉や価値観・道徳心などの生活文化を育むことです。それは、青少年の知識や技能と同じように、社会人として生きるに必要な基本的能力を高めることでもあります。

② 桜の花はこと始め

春夏秋冬のはっきりした日本で、自然と共に生きてきた先祖たちの知恵として、桜の花の咲く四月をことの始めの時とすることが定着してきました。

毎年春の訪れを確実に伝えてくれる桜の花を見ると、小学校の校庭にあった桜を思い出し、今も新入生のような夢と希望が湧いて、本当に楽しくなります。

一輪の花に微笑む子らの夢
紅葉散る染まる大地に夢が舞う

自作の二句ですが、同じ夢でも情景が違って、前句の方がはつらつとして、こと始めの思いが浮かぶのです。

自然の営みからすると春の花は美しく艶やかですが実益が少なく、秋の実は華やかではないですが、長い月日をかけた実益があります。花はことの始まりである知識に、実や紅葉はことの成果である知恵に、例えることができます。

「知恵者とは自然を知る者なり」

はるか昔からの諺で、いかなる自然環境でも言えることです。生活文化は、自然と共に生きてきた人間が、いつの間にか培ってきた価値観や生活感・季節感の共通性なので、作為的に形成されるものではないのです。

「日本の入学は桜の花の咲く頃の四月です」

今日の日本人は、三月の別れの季節から四月の出会いやことの始まる季節感を日常化しています。遠い昔からではないですが、日本に暮らしてきた先祖たちの体験知の多くが、いつの間にか春入学を生活文化としているので、今もわれわれの日常生活に影響力があり、役立っています。

③ 大学の社会的役目

東大の学長が「大学の入学を秋にしよう」と提唱し、いろいろと波紋を広げています。何でも欧米諸国の入学が秋なので、日本の大学も秋にしないと学問の国際化に乗り遅れるとの危惧からだそうです。

社会は人により、人は教育によりますので、学問が国際化すれば人も国際化します。それは学問にはよいでしょうが、安心・安全に暮らす日常生活にとってはいいとは言えません。もし、日本人が本当にインターナショナルになれば、日本は国家として存在する必要はなくなります。

何より、他国に合わせるのではなく、しっかりした国体によって独自性が他国から容認されることが本当の国際化ではないでしょうか。もう翻訳学問や模倣の時代ではなく、日本の学者が世界をリードする創造学問のために努力・工夫する時代です。

外国の若者たちが、日本語でも、春入学でもよい、日本で学びたいと思わせる魅力ある社会にするのが、東大の役目ではないでしょうか。

人間力の弱くなった日本の学生たちが、外国の入学に半年のギャップがあって、いろいろと悩み苦しむことは、人間的に成長するいい機会だと思われます。

自然環境（文化）を無視して、便宜的に画一化することは人類のためにもいいとは言えません。東大は、経済的に国際化する社会に対応する知識や技能だけではなく、生活文化を身に付けた日本を支えるしっかりとしたリーダーを育てて欲しいものです。

④ 社会人に必要な知識と知恵

科学技術の世界は今や日進月歩で、想像もつかない文明器具が次々に作られています。まるで、桜の花が雨や風によってその様子を一変し、日差しによって色を変えるようで、驚きと興味が尽きません。

人は誰でも未知を既知にする驚きや喜びを求めます。小中学生は自分の好きなことだけ知ればよいのですが、高校・大学生は、単に就職用に学ぶのではなく、よりよい大人になるための基本的能力である生活文化を習得しなければなりません。

よりよく生きるに必要な知恵はいつも過去からやってくるもので、現実を批判しがちですが、知識は現実の諸現象によって内容を変えつつ身に付くもので、未来への夢を膨らませます。

社会人に重要なのは知恵と知識のバランスで、知恵を重視すると発展性や柔軟性に欠けやすく、知識偏重になると活力や創造力・協調性に欠けやすくなります。その知識と知恵を身に付けさせるはずの大学が、就職用の踏み台になってはいけないのです。

社会が発展し、経済力を増すためには、ノーベル賞を受賞する人が多いに越したことはないですが、受賞者が五十人、百人いたとしても社会が安定、継続し、安心・安全で幸福感に浸れるとは限りません。

生活文化などの人間力の養成を忘れた日本国は、大学の国際化よりも先に内部衰退を防ぐための教育理念や、教育政策を再確認することが必要なのです。

それにしても、初々しく桃色に立ち上がった、無数の小さな蕾がいっせいに花開いて、白く華やかに輝き、あっという間にひらひらと舞い散る桜の花の情緒は、少年期の子ども時代に眺めて感じた体験知がない限り、机上の座学による知識だけでは理解し得ないことです。

II　少年教育の知恵としての生活文化

一　少年を社会化する知恵

1　強い女と弱い男の和合

①　強い女性と弱い男性の社会

動物の多くは母系社会で、私たち人類も、放置すれば自然に母系的社会になります。

本性的女性の特徴は、男性よりも生命力や順応性が高く、非活動的で物事に対する反応のスイッチがオンとオフに切り替わり難く、行動が単一的、継続的で安定志向ですが、本性的男性は活動的でスイッチがオンとオフに切り替わり易く、行動が多面的で冒険指向であると言われています。しかも、男性の活動力は、女性の存在によって保たれており、男女が三対一の割合であれば、男性の活力は維持され易いとされています。

本来、男性は女性の周囲にいて、女性の要求に従って行動する性癖のある動物です。だから、生命力に必要なエネルギーを女性よりも早く浪費しがちで、生物的には女性の方が長命で、しかも強いのです。

幼少年期を母と共に暮らす子どもたちは、母親からあらゆることを学び、刷り込み現象的に文化が伝承されてきました。腕力的には強く、活動的で外に出がちな男性が、文字や言葉で教えようといかに努力、工夫しても、母親の影響力には及びません。子どもたちは母性愛の強い母親の方に馴染み、生活共同体を作りやすいので、社会的にも女性の方が強いのです。

②母系と父系の文化

稲作農耕民は、早くから谷間や山麓の清水の豊かな地域に定住し、厭地性の少ない稲を栽培する生活形態に馴染んできました。そのため、非活動的、安定型指向の女性が社会的影響力を強め、母系社会的な文化を培い、女性中心的な信頼社会を発展させてきたのです。

自然の厳しい地域で生活する遊牧民や狩猟採集民は、季節や獲物を追いかける生活形態を取らざるを得なかったので、活動的で冒険型指向の男性が、社会的影響力を強め、父系社会的な文化を培い、男性中心的な不信社会を発展させてきました。

人類は、古代から民族や部族間の戦争が絶えませんでした。特に大陸での遊牧民は、移動が容易であったので、略奪戦争を仕掛けやすかったのです。彼らは、馬を足とし、武器としたので、少人数で定住農耕民社会を蹂躙しがちでした。

戦闘的な不安定社会における女性の立場は弱く、犠牲になりがちなことから男女関係が常に不安定な状態で、遊牧民社会の男性は、女性を積極的に保護する作為的風習（レディーファースト）を培い、安心するために絶えず男女関係を確認し合うことになったのです。

③男頑張れの社会

母系社会的な稲作農耕民の男は、遊牧民社会の男よりも気楽に社会生活を営み、温和で友好的でした。

しかし、やがて、合理的で活力のある遊牧民社会からの文化的刺激によって、社会の発展と継続を願う人々が、徐々に父系社会へと移行させました。

文明が発展し、文化が向上するにしたがって、母性的、近視眼的、安定的な女性が中心になって社会を維持するには、肩の荷が重すぎるようになり、社会をよりよく安定・継続させる知恵として、社会的には弱い男性をより強くする必要性が高まったのです。

稲作農耕民の父系社会は、生物的、社会的に強い女性と腕力的に強い男性が協力して、安定した社会を発展、継続させるための知恵として、社会的に弱い男性を、家庭教育や社会教育などによって、「お前は男だ！　頑張れ！」と、社会的により強くした作為的な社会なのです。

④ 女が求める元気な男

私たちは、生物的〝人種〟と、文化的〝民族〟、そして、政治的な〝国民〟に区別されて社会生活を営んできたのですが、国際化した文明社会では、その区別があまり必要でなくなりました。しかし、文化的な〝民族〟だけは、かなり長く残るでしょう。

もし、人が、風俗習慣や言葉などの民族的特徴を身に付けていなければ、社会生活を営むには都合が悪く、一人前の社会人になりきることはできません。

古代から、人類は、少年期の子どもたちに文化的特徴をもたせる〝民族化〟の教育をし、子どもたちが学習することを義務づけてきましたが、それも文明化、国際化と共に衰退してきました。

これまでの世の知恵者たちは、生物的、社会的に弱く、不安と孤独に悩みがちな男性を強く元気にするために、青少年時代に「お前は強いんだ！」の倫理を教え、伝えてきたのです。それが、家庭教育における〝しつけ〟の一部になり、地域社会における祭りや年中行事、その他の儀式などの集団活動を通じて、見習い体験的学習や訓練などによって行われた、〝社会教育〟の起こりであったのです。

遊牧民社会では、男の子は、十二、三歳からすぐに大人社会の仲間入りをしますが、定住した稲作農耕民社会、特に日本では、社会が安定・継続していたこともあって、十四、五歳までの少年、二十五歳頃までの青年期が、世界の中で最もはっきり区別されていました。これは、日本の知恵者たちが考えた、作為的な父系社会を維持、継続させるための社会人を育成する手段として行われてきたことで、世界では大変珍しい社会的慣習でもあったのです。

民族化や父系化が弱まれば、社会は自然に不安定になり、中性化します。それでは社会的意識の強い女性が孤立しがちで、不安や心配ごとなどで困ることが多くなるので、「お前は男だ！　強いんだ！　頑張れ！」と、これからも女である母親が、自分をよりよく安全に守るために叫び続けなければ、少年期の男の子はなかなか元気にも社会的にも強くなれないのです。

2　危機管理能力としての勘

①　事故は人間的未熟から

平成十七年四月二十五日午前九時十八分頃、兵庫県尼崎市のＪＲ福知山線で起こった脱線事故は、死者百七名、負傷者四百六十名の大惨事を招きました。それ以来事故原因について多く語られてはいますが、技能的、技術的、企業的、保安システム的、ダイヤ的な結果対応論が多く、事故を未然に防ぐ人間力にはあまり触れていません。

事故から二週間も過ぎて、事故車両に搭載されていた「モニター制御装置」の解析によって、カーブ手前の速度は百二十六キロメートルであったことが分かりました。これは、カーブの制限速度の時速七十キロメートルを大幅に超えています。

一人前の大人の常識では考えられない速さですが、二十三歳の若い運転士は、ただ遅れた時間を取り戻すことだけを考えていたのではないでしょうか。

この頃の日本では、この事故に類似した医療・経済・行政・政治・教育など、ありとあらゆる不可解な事故が起こっていますが、その大半が人間的未熟さによって起こされているのです。これは、少年期の発達段階における教育に問題があるのです。何故なら、公教育の目的は、社会の安定・安全を期することでもあるからです。

② 安全に必要な〝勘〟

いつの時代にも、子どもは大人よりも事故を起こしやすいのです。そのため、いろいろな見習い体験的学習をさせて、〝勘〟を身に付けさせることが必要です。

しかし、今日の日本では、勘よりも知識や技能を重視し、人間的には未熟でも、資格さえ取れば、免許さえあればという形式的な教育になっています。

〝勘〟とは、直感的に感じたり、判断する、心の働きのことですが、言葉や活字、視聴覚機器などで身に付けることはできません。少年期のいろいろな体験によって徐々に培われるものであり、成人してから身に付けるのは容易でないのです。

人間がより安全に生きるには、知識や技能よりも先に、まず勘を身に付けることです。勘の鈍い人は、いかなる知識や技能を身に付けても応用力や対応力に欠け、あまり上達しません。何よりとっさの判断力に欠け、失敗しがちになります。

〝臨機応変〟とは、勘によってその場の状況に応じた対処の仕方をすることです。人間は、まず自分の身を守るために勘が必要であり、個々の勘によって社会の安全が保たれているのです。

われわれ人間にとっての社会的危機管理能力が道徳心であるならば、自然的危機管理能力は勘です。道徳心は社会遺産としての文化であり、勘は個人の能力で、生きる力でもあるのです。

③　勘を培う野外伝承遊び

野外伝承遊びとは、野外で二人以上が共に遊ぶ活動で、しかも両親や祖父母が体験したことのある遊びの総称です。このような遊びには、仲間・規則・競争が必要です。

遊びは、いつの時代にも子どもの成長に必要な、大人になるための準備活動なのです。もし、少年期の子ども時代に仲間と共に野外で群れ遊びをしていなかったなら、勘が身に付かず、不器用になりがちで、青年期における意欲や学力も向上し難いのです。

野外伝承遊びは人類共通の文化で、地球上のいかなる民族の子どもにも同じような遊びがあります。野外での群れ遊びは、子どもにとって娯楽であり、学習であり、心と絆を培って勘を身に付ける機会と場なのです。古代から続く素朴な遊びは、非合理的ですが、最も確実な人間教育の方法です。

少年期の子ども時代によく遊ぶと、右脳が発達し、非論理的、直感的、総合的、創造的、情熱的な性格になり、勘がよく働きがちになると言われています。よく学ぶと、論理的、分析的、言語的、順序（プログラム）的、マニュアル的な性格になり、勘があまり働かなくなりがちだとも言われています。

野外伝承遊びには、仲間づくりによい遊びや規則を守り協調性を培う遊び、競争心から努力工夫する遊びなどがありますが、いずれも勘を培い、よりよい社会人になるための準備活動です。

④ 全てが勘の働き

今から五十年前の日本人は、世界で最も足腰が強く、手先が器用で、暗算が強いと言われていました。しかし、少年時代に野外伝承遊びをしなくなった今日の若い日本人は、足腰が弱く、手先が不器用で、暗算が弱くなったと言われています。

そのせいか、今日の日本人は、何か問題が起これば対応しますが、事前に感知し、洞察して未然に防ぐ知恵、すなわち勘を働かせることができなくなっています。知識や技能はありますが、社会意識や向上心が弱く、主体性がないので、勘が鈍く、不器用になってしまったのです。

人間の知恵や技術、感じる心、生きる力、人間性、社会性、危機管理能力など、そして、ノーベル賞に値するような知識や知恵などの全てが勘の働きによるものです。

少年期の子どもに集団的な体験活動をさせないで、このまま学力中心的な教育を続ければ、日本には危機管理能力としての勘が鈍く、不器用な人が多くなり、多種多様な事故が頻発して安全性が保てず、社会は内部衰退するようになります。

3 信頼心を培う暗闇体験

① 暗闇の不安

闇とは、光が差さず、何も見えない状態のことで、〝一寸先は闇〟〝闇にまぎれる〟〝真相が闇に葬られる〟などと使われています。

古来、人類が最も恐れたのは闇であり、〝魔の闇〟とも表現されました。光のない世界は、不安と孤独にさいなまれ、安心がないのです。その恐怖心が人を謙虚にさせ、他人への依頼や協力、協調の心が強く芽生えるのです。

自分にはいかんともし難い闇の世界にこそ、畏まる、慎んだ態度、姿勢になれます。闇とは人の心に神を具現化する機会と場でもあります。

人類は古代から様々なことを経て、闇の恐怖から逃れるために、徐々に文明の利器を開発、発展させてきました。その一つが闇を征する灯りです。灯りを点すこと、照明は神に近づけた証明であり、心の自由を得ることであったのです。

しかし、今日の人類が、明るい文明社会にどっぷり浸って驕り高ぶっていたとしても、まだ闇を恐れる心情が消えている訳ではありません。

② 社会に必要な信頼心と協調心

社会とは、共通の文化をもった人々または一定の規則の下に、二人以上が集まった状態ですが、ここでの共通の文化とは、言葉、道徳心、戒め、風俗習慣などのことです。

社会に最も必要な文化遺産は、信頼心と協調心です。それは、言葉、活字によって伝えられるものでも、法律などによって強制されるものでもありません。お互いに通じる共通の意識、価値観、社会性などの文化によって育まれるのです。

社会では、理屈で知ることよりも、道理を弁えて実践することが重要です。しかし今日の文明社会では、知ることを中心に考え、実践することを重視してはいません。ですから、信頼心も協調心も社会的役目を果たす意義が薄れ、個々の知的世界の虚言になり下がっています。

人は、闇の世界で不安と孤独にさいなまれるようなことを体験しない限り、他人の存在を疎ましく思い、社会の必要性を具体的に知ることはできないのです。よりよく生きるための社会を大前提にすることのできない人に、信頼心や協調心の重要性を説いても詮無いことです。

③ 文明の利器と人間性

日進月歩の文明社会で、物質的欲望を募らせ、資本主義を邁進する利己的な人々は、畏まる闇の世界よりも、経済的不況を恐れているのかもしれません。

しかし、彼らの人間性が本質的に変わったわけではないのです。変わっているのは、彼らを取り巻く文明的諸現象です。ここでの人間性とは、正直、親切、忍耐、信頼、活力などの個人の特性、内容のことです。

文明の利器は、日常生活をよりよく、快適に、便利にするためのものであって、人間性を変えたり、失わせたりするものではないのです。

公教育の目的は、社会が安定・継続するために必要な元気でよりよい後継者を育成することです。そのためには、まず、社会生活に必要な心掛けであり、社会に共通する文化の共有化を促し、社会性を豊かに培う社会化教育を充実させることです。

しかし、今日の学校教育は、よりよい社会人になる準備としての社会化教育が大変おろそかになっています。

④ 少年期の暗闇体験

生きる力とは、社会に共通する文化としての基本的能力を身に付けることなので、今日の学校教育にも、人間性や社会性を豊かに培う、社会化教育としての体験活動が取り入れられています。その体験活動は近代的なスポーツやアメリカ的野外レクリエーション、職業訓練的なことではなく、日常生活に必要なごく当たり前のことや、人間の基本的能力を高めるものです。

社会人準備教育にとって、古代から最も重要であったと思われるのは不安が募る暗闇体験です。それを多感な中学生時代に一度は体験させることです。

中学生は、自分ではもう一人前だと虚勢を張り、他人に耳を貸そうとしない中途半端な状態にありがちです。そんな彼らには、否応も無く畏まる気持ちや心情が募る、暗闇体験が必要なのです。半世紀以上も前の日本人は、ほぼ全員が、少年期に暗闇を自然に体験していたのです。

少年教育としての暗闇体験は、野外レクリエーション的なナイトハイクや夜の自然観察や肝試し的なことではありません。ましてや、アメリカのレクリエーション的に日中、作為的に目隠しをして他人の力を借りて、いろいろな行動をしたり歩いたりすることでもないのです。自然界の中の暗い夜道を、目を開けたまま、全神経を緊張させながら、一人または二、三人で二〜五キロメートルを歩くことです。その過程でのいろいろな体験、空想、孤独、恐怖、不安などから、仲間の存在価値を否応なく感知させられるのです。

いつの時代にも、人づくりに合理的、効果的な近道はありませんが、古代から変わることのない暗闇に対する不安や孤独感が、やさしさと強さ、信頼心と協調心を促してくれることは間違いありません。

4　文明人が求める安心感の育成

①　信頼や愛の心

私たちは長い間「教育」という言葉を使ってきました。それは、近代的な学校教育のことであり、文字や言葉で全てが教育できると思っていました。しかし、心まではなかなか教えることができず、日常生活において大事な信頼心や愛情が、文字や言葉で美的、抽象的に表現されているにもかかわらず、昨今ますます分かりにくくなっています。

知識や技能を合理的に伝達する学校教育が充実すればするほど、文明人は利己的、刹那的となり、信頼と愛の心を忘れ、不信感に駆られるようになります。

心というのは精神的な心理作用のことで、信頼も愛もその作用の一つです。信頼感とは、誰かの側にいると非常に安心、幸福、満足な気持ちになれることで、それが恒常的かつ相互的になりますと〝絆〟です。愛とは、誰かと一緒にいたい、一緒に遊びたい、一緒にいると楽しいという素朴な気持ちで、特定の人を大切に思う感情です。

人は、幼少年時代に誰かと共にいたい、遊びたい、一緒にいると楽しいという気持ちが培われていませんと、成人後に純粋な愛を育むことは大変難しいのです。信頼心も愛の心も、絵に描いた餅ではなく、日々口にしているご飯やみそ汁、漬物のようなものなのです。

②心を培う少年期

私たちは、生き方、考え方、感じ方、物事の善悪などの価値観を身に付けていないと、一人前の社会人とは言えないし、喜怒哀楽の感情が正常に培われていないと、楽しく明るい社会生活を営み難いのです。そして、感動する気持ちの情操心が十分培われていないと、日常生活に活気がなく、喜びを味わうことができなくなります。こうした心のもち方は、文字や言葉による理屈によって育むことは至難の業です。

人生は七、八十年と長いですが、人の心の基礎が培われるのは、古代から変わらず、幼年期や六歳頃から十五歳頃までの少年期です。幼年期は別として、この重要な十年間は、学校の義務教育のためにあるのではなく、心身の基礎を培うためにあるのです。

一八九二（明治五）年に導入された学校教育は〝発展と国家のための教育〟であったのです。昭和二十二年以後の民主教育は、〝進学と就職のための教育〟でありました。これからの二十一世紀の教育は、〝安定と継続のための教育〟であることが望まれています。

③ 情緒不安定な文明人

誰もが周知のことですが、幼少年時代に仲間たちとの群れ遊びの中で、子どもながらにも負けたら悔しい、勝てば嬉しいという思いを体験したものです。子どもは、遊びを通じていろいろな感情が湧きあがり、遊びの最中は競争心を強くもちますが、終わるとより仲良く、楽しくなるものです。

このような喜怒哀楽の感情である情緒感は、欲望がまだ社会的ではなく、個人的な幼少年時代だと正常に身に付きやすいのです。

今日の文明人の中には、情緒不安定な大人が多くなっていますが、これは少年期を文明社会で育った人の特徴です。情緒不安定な大人が多くなれば、文明社会は行き詰まって内部衰退を起こすのです。これまでの諸現象によって、個人の情緒感は、文字や言葉、視聴覚機器などを通じて培うことは大変難しいことがはっきりしています。

幼少年時代に、美しさ、素晴らしさ、遊ぶ技術の達人との出会いなど、身近なことに感動し、かくありたいと憧れ、負けて悔しがり、勝って喜び、皆で楽しく集まり、別れ難い経験は、なんといっても五～十数人での野外伝承遊びなどの集団活動を通して感じられることです。

④ 納得する安心感

少年期に複数人でより多くの遊びをした人は、後日、理屈を学ぶことによって多くの発見をすることができます。たとえば水鉄砲を例に取りますと、物理の授業で圧力の原理を学ぶことによって、初めて水が力強く吹き出る理屈が理解できるのです。

そうか、そうだったのかと納得できた時に、人はそのことを誰かに話したくなり、自分が納得することによって他人に伝えたくなるものです。

今日の日本の四、五十代の大人・親が、物事を伝えなくなっているのは、幼少年時代の遊びを通じて感じたことを発見できずに、まだ納得できていないからではないでしょうか。そして、二、三十代の、少年期に野外伝承遊びなどの見習い体験的学習をしてこなかった若い親たちが、大きな迷いの世界に入っているのは、納得する原点となるものがないからです。日進月歩の知識や技能の世界では、なかなか納得することはできません。現代の文明人が求める安心感も、古代と変わりない納得の心情なのです。

人類は、古代から心を豊かにさせ、生き方の納得をさせるための手段として、少年期に大人の疑似体験的な野外伝承遊びに慣れ親しむようにさせてきました。少年期の素朴な体験は、成長と共に知識を深めることによって理解し、納得して、意欲や安心感が湧いてくるものです。

そこで、野外伝承遊びの重要性を再認識し、文明社会での人づくりに役立てることが必要になってきました。本来は、家庭や地域社会の伝統的教育としてなされてきましたが、今日では衰退しきっていますので、まずは小学校教育の、低中学年に取り入れることが望まれます。指導は、地域の人々ができることをすればよいのです。

子どもたちにとって学校が楽しくなるためにも、小学一、二年生には規則や競技性の弱い野外伝承遊びを、三、四年生には規則や競技性のやや強い野外伝承遊びを体験させることによって心の基礎を培うことが必要なのです。少年期の生活が楽しければ、大人になってからの社会生活が楽しく元気に、しかも安心して過ごせるはずです。

5 野外文化教育の導入

① 文化の学習動機づけ

日常とはきわめて普通のことですが、今日の日常は明日の日常ではないのです。「日々是新」の言葉通り、平凡に見える日々も、大きな変化の一歩です。特に子どもたちにとっては、ささやかであっても珍しいことが一つでもあれば、発見の喜びと感動にあふれ、すくすく育ちます。しかし、惰性の日々では子どもらしく素直には育ちにくいのです。

私たちは、元来怠惰な動物ですが、日常の人や物、自然とのかかわりの中にこそ学習の動機づけがあり、子どもにとっては、一人前の大人になるための種が少しずつ蒔かれているのです。

このような日常の中で、意図的に行われる見習い体験的学習は、面白さ、楽しさ、関心の度合いだけによって評価されるものではなく、時には厳しさや忍耐（我慢）、そして社会性が必要なのです。

学校教育は僅か九年から十六年ですが、人生は六十年から八、九十年もありますので、学校が児童、生徒を独占することは、あまり意義深いことではありません。

資格をもった人が行う学校教育で、地域社会の人々が知らないことを教えることはよいことですが、いつでも、どこでも、誰でも行える社会教育又は青少年教育で、地域社会の人々が知らないことを伝えることはあまり望ましいことではありません。

社会の後継者づくりのための少年教育にとって大事なことは、その地域の大人の大半が知っていること、すなわち〝生活文化〟を伝えることです。

子どもたちが社会の風習的、伝統的行事に参加して、新しいことを体験するのは、大人と同じ土俵に上がって、社会人になるための準備であり、親や大人に近づくための訓練なのです。子どもたちにとって、日常生活の体験こそ、生活文化の学習動機づけであり、民族として、国民として、同じ土俵に上がる社会参加のきっかけとなるのです。

②　文明社会に対応する野外文化教育

今日のように平和な文明社会では、都市化現象、ボーダーレス化現象、金権化現象、情報過多現象、そして中性化現象などによって、混沌たる不安が日常化しています。

私たちの心身の健康は、自然の摂理によって保たれているのですが、文明によって、かえって心が貧しくなってしまっては、よりよい生活の目的が失われます。私たちは理屈によって生きているのではなく、生き方に理屈がついてくるものなので、今必要なのは、生活態度や価値観の基礎を身に付けることです。

高度に発展した文明社会に生まれ育つ子どもたちが、人間らしさを失わずに、生活知とも言える〝生きる力〟を身に付けながら楽しく元気に育つためには、理屈よりも自然と共に生きる見習い体験的学習が必要です。

これからの科学的文明社会に対応する教育は、時間と費用をかけて意図的になされる、見習い体験的学習の新しい理論と方法がなくてはならないのですが、その新しい学問が野外文化教育学なのです。

野外文化教育は、私たちがこれまでに経験したことのないさまざまな社会現象の中で生まれ育つ子どもたちが、社会の後継者としてどのように育ち、どのように生きるかを文化人類学的に調査、研究して、よりよい社会人を育成するための理論や方法を、教育人類学的に考え、実践することなのです。

③ 新しき教育観と学力観

今日の青少年は理知的ではありますが、大変利己的で自己陶酔型の性格の持ち主が多いと言われています。そして、社会的、人間的な成長が不十分で、人間本来の生命力である〝生きる力〟としての全体的能力が未発達でもあるのです。

自然環境に順応するための考え方や感情、自然と共にどう生きるかなど、そのあり方が人類共通の文化で〝生きる力〟でもあるのですが、理屈によって身に付けることはできません。

このような観点から、新しい教育観は、知能の基礎、基本から、社会人として生きるに必要な能力の基礎、基本へと変わったのです。また、従来の学力観は、知識を頭の中に詰め込み、蓄える知識習得主義、すなわち記憶力重視でありましたが、これからの学力観は、為すことによって学ぶ力を基軸として、自主的、実践的な力を育成し、思考力、判断力、応用力、表現力、行動力などが重視されるのです。

科学的文明社会に生きるこれからの人類は、少年期の子ども時代によく遊ぶことによって、感性と直感を豊かにし、青年期によく学んで知性を豊かにして、理性を強くすることが望まれています。

④　学校教育に必要な野外文化教育

一人前の社会人とは、社会に共通する生活の知恵、知識、体力などの基礎、基本を身に付けている人のことです。

学校教育やマスメディアの発達によって、今日の子どもたちは実に多くの知識、技術、情報を身に付けています。しかし、クイズ番組の解答のような〝物知り〟では、生きる力にはなり得ません。社会人としての一人前の大人になれるかどうかは、少年期の体験の量や質によることが多いのです。

野外文化教育学的に考えた体験的学習活動のしかるべき内容は、①生活体験、②労働体験、③自然体験、④没我的体験、⑤集団的活動能力の向上体験、⑥問題解決の克服体験などです。

これからの学校教育には、長い人生を豊かに、楽しく元気で意欲的に生きるために必要な社会人としての基礎、基本を身に付ける、野外文化教育の導入が望まれています。

二　生活能力を高める生活文化

1　生き抜く力としての生活文化

①不透明な文明時代

人類が有史以来続けてきました青少年教育の目的は、社会の後継者を育成し、社会の安定と継続を図るためでした。その点からすると、日本における青少年、特に少年教育は、日本人の価値観や生き方、言葉、食文化、風習、道徳心などの生活文化を教え、示すことが最も重要です。

しかし、今日の日本は、平和で豊かな科学的文明社会に発展し、国際化や情報化の波によって社会環境は刻々と変化し、諸外国の言語、宗教、風習、行事や出来事などが身近なこととして伝えられ、多くの国の人々が受け入れられています。そして、社会の安定、継続や安心に必要な生活文化の共有性が薄れ、発展志向の強い利己主義的な不信社会になり、安全、安心が脅かされ、先が見えなくて不安感の多い、不透明な時代になっています。

②身勝手で犯罪の多い社会

テレビやテレビゲーム、ＰＣ、携帯電話、漫画などの世界に浸って直接体験の少ない今日の子どもたちは、対人関係のもち方をよく知らず、会話がうまくできない上、身体の柔軟性を欠き、バランス感覚や距離感がうまくとれず、勘が鈍く直感的な行動が取り難くなってもいます。それに規則を守ることを知らず、自分勝手に考えて行動したり、気に入らなかったり、聞き入れてもらえないとすぐに癇癪を起こしがちで、忍耐力に欠け、我慢することができ難くなっています。

どちらかと言えば、社会的に何が正しくて何が悪いのかの判断や区別がつけられないまま成長していますので、大変自分勝手で利己的です。そのため、社会的善悪と個人的な好き嫌いの区別すらできず、社会的善としての道徳心を、個人の好き嫌いの感情で判断しようとさえしますので、犯罪の多い社会になっています。

③文明化による不透明な社会

私は、これまでの四十年間以上も地球上の多くの国を踏査しながら、日本で青少年教育活動を続けてきましたが、世界で最も画一的に発展した日本での少年教育には、合理的な教科教育と、非合理的な体験的教育の両輪が必要なことを痛感させられてきました。特に今日の日本のように、情報文明の洪水に溺れかけているネット中毒の青少年を救うには、人間教育の原点に立ち戻って、古より実践されてきた素朴な体験活動に勝る方法はないと思われます。

ここで言う〝体験活動〟は、野外レクリエーション的なキャンプ活動や、林間、臨海学校及び近代的なスポーツ、職場体験的なことではありません。それは、今日の日本が画一的に突入している、豊かで平和な科学的文明社会に対応する、〝生き抜く力〟を育成する少年教育に必要になってきた、社会人の基礎、基本を培う野外文化教育としての見習い体験的学習活動であり、その一例としての〝生活体験〟です。

これからの不透明な科学的文明社会に対応する少年教育としての〝生活体験〟は、よりよい青少年であるためよりも、共通の生活文化を身に付けてよりよい社会人・よりよい老後を迎えて、安全・安心のもてる社会的な心の保障を得てもらうために為すのです。

④ 生き抜く力〝生活文化〟

私たちがそれほど意識しないで為すさまざまな生活習慣は、先祖代々に培われた生活文化です。ここでいう生活文化とは、これまで何度も記しているように、その土地に馴染んだ衣食住の仕方・あり方・風習・言葉・道徳心・考え方などの生活様式のことです。

生活文化は、それぞれの時代の人々によって創りだされたり、改善されたりしながら伝承される歴史的社会の産物であり、他と共有することのできるものです。

社会は、個と集団の対立するものではなく、いかなる個も集団的規定なくしては存在し得ないので、社会人である以上、社会的あり方としての生活文化を当然備えていなければなりません。

私たちは、ＩＴを中心とする豊かな科学的文明社会がどのように発展しようとも、あえて肉体的機能の低下や生き抜く力を退化させることなく、安全・安心を保つための知恵として、社会的遺産である生活文化が必要不可欠なのです。

よりよい人間的状態には、健康な肉体と健全な精神が必要ですが、肉体の安全については学ぶので、身体活動としてのスポーツやレクリエーション活動の重要性についてはよく知っていますが、心のよりどころ、安心を保つに必要な生活文化については案外無頓着であり、意識してこなかったのです。

しかし、これからの競争の激しい不透明な国際社会で、アイデンティティを保ち、よりよく生き抜くためには、生活文化の習得が重要なのです。

人は、よりよく学び、働くことによって
生活文化の共有を促し
よりよく生きることに納得する

2 心の保障としての生活文化

① 三万人が自殺する国

日本の年間自殺者は、平成八年以来毎年三万人を越えています。「経済・生活問題」が動機と見られる自殺者が多くなっているようですが、四十歳以上の中高年が七五パーセント以上を占めています。中でも、家族の中で役割を失った孤独で引きこもりがちな老人が多いのです。平和で豊かなはずの日本で、自殺者が年々増えているのは物質的なことだけではなく、心に問題があるのではないでしょうか。

今から五十数年前、昭和三十年代後半のまだ日本が貧しかった学生時代に、「世界で最も豊かで完全保障社会の国スウェーデンが、老人の自殺率世界一」であることを知り、大変不思議に思いました。そして、昭和四十年にスウェーデンを訪れ、老人たちに直接話を聞きました。

その結果、利己主義社会で家族との絆が弱く、孤独で、生きがいをなくして気力のない老人像が見えてきたのです。

スウェーデンが豊かになったのは、国民一人一人の努力、工夫によるものではなく、第一次や二次世界大戦に参戦しなかったことと、北部のキルナ地方にある天然資源の鉄鉱石によるものであったのです。

私は、この時初めて、青少年時代に社会人としてよりよく生きるに必要な心の育成の重要性に気付かされました。しかし、わが日本国はその後物質文明の波に呑まれ、生きる目標や生活文化伝承を忘れ続けてきました。その結果が、老人の自殺率世界一と多くなっているのです。

② 学校教育力の低下

昭和三十九年の東京オリンピック大会開催頃までの日本には、まだ社会規範があり、学校教育は、青少年の社会的逸脱を許さず、社会的向上のための知識偏重教育でありました。

昭和五十五年頃までの学校教育は、経済的発展主義の金権化によって社会的規範はゆるみ、学歴偏重社会の下で熾烈な受験戦争が進行し、受験用の学力重視教育であったのです。しかし、まだ一定の規範や社会性、人間性を重視し、それから逸脱しないための管理教育が続いてもいました。

その後の学校教育は、個性重視の原則の下に、子どもたちの内発的動機づけを重視し、教育という言葉すら嫌って、まるで王子、王女を育てるかのような子ども中心主義から、個々の発達を支援することになりました。それは、規範や人間性、社会性、生活文化などの社会化教育が弱く、価値観や行動規範の見本のない放任主義になりがちだったのです。

戦後半世紀以上も続いた個性重視の原則による学校教育は、子どもたちの登校拒否、非行、薬物濫用、援助交際、売春行為などや学級崩壊によって、教育力の低下とみなされました。また、その教育を受けて大人になった日本人の多くは利己的で、社会は規範が薄れ、価値観の多様化、不信感の増大、金権主義などや、政治的、行政的犯罪が多発し、人々は刹那的、快楽的になって労働意欲が薄れ、経済的、社会的に不安定状態になりました。

社会は人により、人は教育により、教育は内容によるのですが、未だに受験用の学力低下の危惧が強いし、現場の教師は自信を失っています。

大人が子どもに対して、人間的、社会的に自信を失い、道徳的にひるんでは生活文化を伝えることはできません。

③ 青少年教育の目的

人類が有史以来続けてきた社会人準備教育・現代的な青少年教育の目的は、社会の後継者を育成し、社会の安定と継続を計ることでした。

日本とて同じことであったのですが、太平洋戦争に負けた昭和二十年の秋以降はアメリカ軍の占領下でいささか異なった前例のない教育を始めることになりました。それは、地球の、世界の、人類の安定、継続を重視する国際化の教育でした。

戦後の民主教育を受けた日本人の多くが、郷土や国よりも人類をそして地球を愛する国際主義者になりました。しかし、その日本人は、外国の人々から「倫理観」がないと評されています。倫理とは、二人以上の人々が共に生きるに必要な生活理念であり、道徳心のことです。日本人が踏み行うべき道としての道徳心は、人類に共通する生活理念でもあることに気付いていないようです。

これからは、インターネットや高速交通網などのおかげで、地球規模で結びついて「個人の時代」になり、心の保障が得られず、大変不安の多い社会になります。

今われわれ日本人が為すべきことは、まず、日本人社会の安定と継続を計るための努力と工夫です。

そのための青少年教育とは、日本人の価値観や生き方、食文化、風習などの生活様式の座標軸を教え、示すことです。社会目的や使命感のない青少年教育は、単なる受験教育や身体活動（スポーツやレクリエーション）でしかないのです。

④ 心の保障に必要な生活文化

これからの科学的文明社会においては、物質的保障と精神的な心の保障が必要です。物質的保障は他人でもできますが、心の保障は本人の人間力によるものです。そのためには、六〜十五歳頃までの少年期に、いろいろな見習い体験的学習活動をすることによって心身を培い、生活文化を体得して人間力を高めておくことです。

先に述べたスウェーデンの完全保障社会とは、物質的保障でしかなかったのです。食料、医療、施設、娯楽などによる保障は老後でも対応できますが、心の保障は、少年期の豊かな体験活動によるもので、老後に対応することは至難です。

心の保障としての生活文化を身に付けていない人は、中年以上、特に六十歳以上になると孤独や絶望から自殺する可能性が高くなることを、五十年も前のスウェーデンで実感した私は、日本人社会に自殺者が多くなることを洞察し、昭和四十三年から、心の保障が得られることを願って、青少年の健全育成活動を始めました。その活動母体が青少年交友協会なのです。

青少年教育は、よりよい青少年であるためよりも、多くの体験知を身に付けて心の保障を得て、よりよく元気に生き、よりよい老人になってもらうためになすことです。

うたかたの流るるままに
　眺むれど
　　人たる心四季を馳せなむ

3 生活文化としての言葉

① 日本語と国語

わたくしたち人間は、意思伝達記号である言葉を使う動物です。社会に通用する言語として話される言葉には、文化としての共通性があります。

二人以上が共に生活する社会には言葉が必要であり、より大きな社会にはその概念規定が必要で、国家が定めた共通する言語が国語なのです。

わたくしたち日本人は、慣用的に使用してきた日本語を国語と思い込んでいますが、残念なことに、日本国はまだ国語を制定していないのです。そのせいか、話し言葉としての日本語が目まぐるしく変化しています。

社会で日常的に使われている慣用的な言葉は、時の流れと共に変化しますが、国語と制定された言語は安易に変化させてはいけない、国民にとって最も大切な生活文化です。

今日の日本人は、国語と言語の区別をしないせいか、日本語が単なる意思伝達の言語でしかなくなってきています。

② 通じなくなった日本語

今日の日本語は、激動する社会現象に連れて変化しやすく、中年以上と若い世代間だけでなく、日本人がお互いに理解することが困難になっています。日本人の話す言葉や書く文章である言語には新造語や外来語が多いばかりではなく、文化としての共通性を失い、われわれはすでに社会的同一民族ではなくなっているようです。

この半世紀もの間、日本語の概念規定がいいかげんになっていますので、三十代、四十代、五十代の大人、親が意味をよく理解できていないままの言葉で少年教育をしています。

例えば、日本語としての国語、生きる力、学力、心、親切、善悪、道徳心、社会そして教育などや、外来語としてのアウトドア、レクリエーション、キャンプ、アイスブレイク、ワークショップ、オリエンテーション、シェアリング、アナログ、レセプションなどの言葉をよく使っていますが、日本人としての共通理解ができているでしょうか。

大人でさえよく分からない日本語を使って為す少年教育が、有効であるはずがありません。国語もはっきりは制定せず、多様な言葉としての日本語を話す日本人が多くなっていることが、子どもたちの学力低下や社会問題を引き起こす最大要因でもあるのです。そして、社会人としての基本的能力（生きる力・生活文化）を身に付けないまま成長させ、利己的で孤独な日本人を育成することにもなっています。

③　生活文化としての日本語

平成十四年四月から学校完全週五日制や総合的学習が始まりました。これは、二十一世紀の科学的文明社会に対応するための新しい教育観による、人づくりに必要な教育改革の一つとして制定されたのです。

ところが、多くの人が、これからの科学的文明社会に対応できるよりよい社会人を育成しようとするこの教育方法によって、子どもたちの学力が低下するのではないかと心配しています。

ここで言われている学力とは、明治時代から表現されてきた欧米に追い付け追い越せ、そのために必要な進級、進学、就職のための、知識や技能を習得する力量の意味です。それは、幼少年時代に遊びや自然、生活体験など、いろいろな体験をすることによって身に付く、生活文化としての日本語をよく理解する能力があってのことです。

ところが今日は、少年期の子どもの多くが、日本語をよく理解できなくなっています。明治以来百数十年も言われてきた学力の意味が、根本的に異なっている現代の子どもたちに必要なのは、社会人の基本的能力である国語としての言葉、または文化としての日本語をしっかりと身に付けさせることです。

社会に責任ある大人、親ならば、子どもたちの学力の低下を嘆くよりも、文化としての日本語の理解力をどのように高めてやるかについて心を配ることが重要なのです。

学力を向上させるため、進学塾の講師を招いて公立小中学校の教師に、などと考える教育関係者がいることには嘆かわしいことです。単なる受験教育をする塾の講師と、よりよい社会人を育成する公教育の教師は、教育方法や目的が同じではないはずです。

日本人は、生活文化としての日本語の理解力を高めない限り、よりよい知識や技能、価値観、社会性などを身に付けることはできないし、大地に足を着けて生きる力や感じる心を身に付けた、よりよい社会人になることもないでしょう。

④ 生活を楽しくする言葉

人間は、社会に共通する生活文化としての言葉が十分に理解できないと、社会人として楽しく生活することはできません。そのために、国家は国語を制定し、国民の共通理解を高めるために国語教育に熱心でなければならないのです。それを怠ると、人心は乱れ、生きる目的を失い、生活文化の共有が弱く、社会は活力を失って徐々に衰退します。

楽しい社会生活に最も大切な生活文化は言葉です。人は幼少年時代からのいろいろな体験を通じて身に付ける日常的言葉によって、価値観、善悪、好き嫌い、感動などの心や生きがいなどが培われるのです。

今日、文科省は、青少年の「生きる力」や「感じる心」の育成を主張していますが、生きる力や感じる心とは具体的に何を意味し、どんなことなのかの共通理解もなく、キャンペーン的に宣伝しても、効果を期待することはできません。

私たち日本人が今しなければならないことは、話し言葉としての日本語を共通理解のできる生活文化とすることです。それをしないで、国際的な経済用語や意味のはっきりしない外来語を多用して少年教育をしても、生活文化を身に付けたよりよい社会人としての日本人を育成することはできないことです。

社会の後継者である少年の育成にとって最も大切なことは、遊びや自然、生活体験などを通じて、国語としての言葉・日本語をしっかり身に付けさせ、楽しく生きるに必要な生活文化を豊かに培ってやることなのです。

――早苗立つ　しつけの悪い　田圃かな――

4 生活文化向上と自然災害

① 自然災害は万民共通

地球上に約七十億人（平成二十三年八月現在）が、百九十三の地域や国に分かれて暮らしています。これらの国や地域によって自然災害のあり方は異なりますが、地震・雷・火事・津波・火山・台風・竜巻・洪水・乾燥・高温・寒気・生物の異常発生・異常気象など、非日常的な畏怖的自然現象は、人間の心身の安全にとっては害になります。

しかし、このような自然災害は、大小にかかわらず万民が共通して体験することで、人類の敵ではなく、生き方や考え方などいろいろと工夫させてくれ、苦難を乗り越えてよりよい社会を築く知恵を与えてくれる、なくてはならない神・または仲間のようなものです。

もしも、自然災害がなかったなら、人類は驕り高ぶって自滅し、ここまで生き長らえて、社会的発展を遂げることはできなかったでしょう。

いずれにしても、人間はこのような特徴的自然現象に対応して、より安全に、しかも安定、継続するための努力、工夫を重ねて乗り越える知恵である生活文化を培ってきました。その特徴的な生活文化を共有する人々の集団が民族であり、政治的統合体が国なのです。

② 畏敬の念を忘れる人間

不可思議な自然現象は、神秘的で畏敬の念にかられ、苦境にあっても天（自然）を恨まず、諦めと許しの覚悟が芽生えます。日本では、昔から恐いものは地震・雷・火事・親爺と言われてきましたが、〝喉元過ぎれば熱さを忘れる〟がごとく、人間は恐ろしいことや苦しい経験でも、過ぎ去るとすっかり忘れてしまうのが普通です。

しかし、人間に恐いものがなくなりますと自己中心的になります。その上、安全で、平和で、豊かな自由主義社会になりますと、非社会的で利己的になりがちなのです。

今日の科学的文明社会では、世界的に利己主義や唯物主義者が蔓延し、自分勝手で驕り高ぶる人が多くなっています。

時々発生する自然災害は、そうした人間に、ひ弱で無力なことを知らしめ、自己を見つめなおす機会と場を与えてくれています。そして、一人ではどうにもならず、謙虚な気持ちでお互いに助け合い、協力し合って困難から脱出しようと努力・工夫させるのです。

自然災害は、驕り高ぶる人間を戒め、諭し、畏敬の念を起こさせ、他者と協力し合い、愛し合い、絆を大切にする信頼的共同体を作るきっかけとなってきました。

③　人類は災難を乗り越えて強くなる

国の成り立ちは、自然・人・社会的遺産の三要素によりますが、どのような時にも、自然との共生を忘れては国が成り立ちません。

災害には、人が起こす戦争や事故などの人災と、自然の異常現象である天災があります。人災には恨みつらみや怒りがついて回り、責任問題が尾を引き、天災には恨みつらみがなく、許しと諦めがあるのです。

人災も天災も、起こってしまったら同じ災害です。いずれにしても社会の動揺が長引き、感傷的になりすぎて災害に負けてしまえば、民族や国は衰亡します。

大きな災害に見舞われた今日の日本で起こっているもう一つの珍しい災害は、社会意識や覇気が弱くなったと言われる男女の未婚率の上昇が止まらず、人口減少が続いていることです。

しかし、人災によるとも言える社会意識の弱い利己的な男女は、お節介おばさんでもいないかぎり相手を決められないし、結婚して子作りの社会的義務感も起こらないでしょう。

いつの時代にも、災害は想定外の事態なので、統治者は迅速に対応する新たな規則作りが必要です。何より、いかなる災害にも対応できる人づくりが肝腎です。

人類はこれまでの長い歴史上、災害に負けた多くの民族が、故郷を追われ路頭に迷って衰亡してきました。その轍を踏まないために為すのが人づくりなのです。

人類は安全、安心、平和な状態で一世代の二十年～三十年もの間、暮らし続けますと、警戒心が薄れ、ひ弱で怠慢になり、守られる立場を主張しがちになるのです。

自然災害の多い日本列島に暮らしてきたわれらが先祖たちは、災難を逞しく乗り越えて、世界に誇れる豊かな信頼社会を築き上げ、われらがために残してくれました。が、われらは今不信感と孤独にさいなまれ進む道に迷っています。

④ 自然が用意した生活文化の伝承

社会の後継者を育成する青少年教育は、苦難や危険な機会と場を与えることであったのですが、今日のわれわれはひ弱になり、災難を嘆き悲しんで、起こった結果に対応しがちで、助けを求める弱者の立場で、守られる人を育成しがちになっています。

起こってしまった災害に負けてはいけません。生き残った者は自らが立ち上がり、次なる災害のために、心身ともにより逞しくなるよう努力し、青少年の育成・人づくりに努力・工夫をして、守る立場の元気な社会人を多くすることが、復興の王道であることを忘れてはいけないのです。

自然は人間にとって衣食住の全てであり、神であり、仲間なのです。その自然の戒めである災害のおかげで、私たち人間は賢くなり、平和で豊かな社会を発展させる知恵と力を培ってきました。そのため、災害の多い国の人々は、逞しくておおらかで、絶えず前を向いて歩み、気候変動による自然の驚異にも、仲間に敬意を払って乗り越えてきました。

そのことを忘れて、人災による弱者の立場で単純に助けを乞うようになっては立ち上がれません。頑張れと言われなくても、各自が頑張らないと全体が衰亡します。大きな天災と人災に見舞われた日本は、まずは何よりも社会意識を向上させる教育・人づくりから復興を図ることです。

季節によってあらゆる物を恵んでくれる自然と共に生きてきたわれわれ日本人が、この度の災害を自然の用意した生活文化の学びの機会と場にして、不便や不足、不安などに負けることなく、更によい、安全で豊かな愛や絆の強い共同体を創ることができれば、人類にとっては、新しい生き方、あり方への大転換になるのです。

私たち人間は、災害に負けないため、普段から心がけていることが大事です。それは、社会の後継者である少年たちに、日常生活で最も必要な生活文化を見習い体験的学習によって、しっかり伝えることです。

三　生活文化習得に必要な集団活動

1 忘れられていた集団活動

① 現代青少年の価値観

戦後五十年、民主主義社会の生活の基盤を形づくるために、〝教育のあり方〟が絶えず審議されてきました。しかし、今日の青少年の生活態度や価値観からしますと、「学校教育の改革、改善」という真偽は、何のためになされてきたのだろうかという疑問を抱かされるのです。

平成七年度、総務省の〝青少年白書〟によりますと、日本の青少年は、社会に疑問を感じる度合いは低いが、不満を抱く者が多く、社会的満足度は大変低いとされています。

現代の青年の特徴は、親を信頼せず、利那的であり、権利意識と欲求だけは強いのですが、義務と責任の意識が弱いことです。また、社会の上下関係や性の区別にこだわらず、故郷感や愛国心、社会参加への意識が乏しいのです。そして、労働は個人の収入を得るためと考え、労働意欲が弱く「お金さえあれば、遊んで暮らしたい」という志向が強いのです。

理想的な〝民主主義〟を学んできた若者の多くが、社会とのかかわり合いをもとうとせず、日本人であることへの誇りや社会に役立ちたいという意欲が弱く、豊かな社会に満足もしていません。これらは何も若者だけでなく、大人の多くも自分志向なのです。

② 学校教育中心の社会

明治五年に日本の近代的学校教育が始まりました。その学校を管理・運営する主管庁が〝文部省（現文科省）〟でしたが、戦前の文部省は、国家的教育政策全般を立案・実行する機関としての主官庁ではなかったのです。ところが、戦後はその文部省が国家的教育全般の主管庁になっていますので、行政的にはどうしても学校教育中心的になりがちなのです

国民の税金による義務教育の目的は、実社会で生きるための資質や能力を身に付けさせ、社会の安定、継続、繁栄を促すための地域社会の後継者としての人づくりのはずです。

ところが、学校教育制度が導入されると、古来からの家庭や地域社会の教育力が徐々に弱まってきました。特に、戦後の日本では、文部省が中心となって、教育とは知識や技能の習得を意味する学校教育だけになってしまいました。そのため社会の後継者である人づくりが、学校教育だけでなし得ることができると思い込んでいる大人が多くなっています。

しかし、今日の青少年の多くにとって、学校へ行くのは、「生活のリズムを守るため」、「単位を取るため」、「卒業するため」であって〝意味ある場〟ではなくなっていると言われています。

それは、多くの若者が、社会的成功の条件として〝個人の努力〟だけでなく、〝運やチャンス〟、

又は〝個人の才能〟と考えており、公教育としての学校の役目が薄れているからです。
学校教育の〝形〟のあり方は審議され、改善されても、社会的人間のあり方、生き方についての〝心〟のもち方を教えられることの少なかった今日の若者たちは、効率的に知識を詰め込む学校の存在価値を認め難いのです。

③ 社会環境の激変

合理化と機械化を追求してきた日本は、この数十年で科学技術が発達し、急激な環境変化と物の豊かな社会になりました。その反面、第二次世界大戦後の〝負の遺産〟的教育から、潜在的コンプレックスによって、民族的、社会的な誇りと意識を弱めて、大義を見失いました。そして、〝新しいことはいいことだ〟〝消費は美徳〟とばかりに、生活環境を積極的に変化させ、社会的価値基準を失ったのです。

各地の都市化によって地域共同体が崩壊し、趣味縁が強くなっています。そのため地域への愛着が弱くなり、どこへ住んでもそれほど変わらないという意識が強くなっているのです。それは、家族の絆や郷土愛、愛国心などの衰退を意味しています。

日本の青少年は、こうした社会環境の変化から、民主主義に最も必要な〝社会参加の意識〟が乏しく、積極的に社会とかかわり合いをもつことをためらい、選挙に参加しなくなり政治不信を強めています。そのため、社会に役立ちたいという意識が弱く社会への参加意識も低いのです。これはいかなる社会にとってもマイナス要因です。

このような青少年の特徴を無視した〝国際化〟や、〝ボランティア〟そして、〝個性〟を叫ぶ教育のあり方は、社会が安定・継続するために必要な教育の基本や目的を忘れているように思われるのです。

④これから必要な教育的集団活動

科学文明が発達し、豊かな社会が達成され、社会環境がいかように変化しても社会人の基本的能力の共有は、今も昔も、そしてこれからも変わりなく必要なことです。その基本的能力を身に付けさせることこそ、古来の「教育・人づくりのあり方」であったのです。

公教育の原点は、よりよい社会人の育成です。それは、社会への貢献意識と参加意識などによる社会志向を高めることです。しかし、それを学校教育による理屈で身に付けさせることは到底できません。

豊かな社会が達成された今日、産業化を追求するために必要であった学校教育の改革、改善だけでは不十分なのです。新しい教育観による〝人づくり〟のための国家的教育政策の審議が必要です。科学的文明社会で生まれ育った青少年が、自分自身の能力を向上させ、生活を充実させる自分志向と同様に、社会に参加し、貢献していく社会的志向を高めるには、自然と共に生きる生活能力を向上させることです。その具体例が、少年期の野外での群れ遊びや生活体験などの集団活動なのです。

これからの科学的文明社会に対応する教育のあり方は、長い間忘れられていました〝生き方〟

〝生きざま〟を考え、生きる力の基礎、基本である生活文化を身に付けさせることが必要不可欠で、その最もいい方法が、少年期の異年齢集団による集団活動としての見習い体験的学習活動なのです。

2 生きる力を培う集団的見習い体験的学習活動

① 国語を理解しにくい子どもたち

今日の子どもたちの多くが、学習によって覚える国語を十分理解できないまま、授業を受けているとも言われています。そしてその子どもたちに、もう一つの言葉「英語」も教え込もうとしているのです。国際的商業主義の大人たちのコンプレックスによるものでしょうが、子どもたちが一層国語を理解しにくくなるのではないでしょうか。

明治時代から始まった、欧米化のモダニゼイションの思想が、戦後はアメリカナイゼイションに転換され、今もまだ近代（モダン）と言う合理主義と商業主義に溺れ続け、英語まで小学校で必修化しようとする発想につながるのでしょう。

義務教育とは、社会の安定、継続を主目的とするものであって、今日のような繁栄を促す商行為のためだけに行うものではないはずです。

今や地球は時間や空間的に狭くなり、インターネットなどの情報や商行為はボーダレス化していますが、日本列島の地域性をなくしては、日本の安定と継続は望めません。

これからも義務教育でまずしなければならないことは、少年期のより多くの子どもたちが、日本語で何不自由なく話せ、理解できるようにしてやる努力と工夫です。

②伝統と近代的教育の違い

人類は、古代から社会の後継者を育成する努力と工夫を続けてきました。それは家庭や地域社会の生活現場での伝統的教育でした。

私たち日本人は、家庭で習慣的に身に付ける能力を〝しつけ〟と言い、地域社会で群れをなして体験的に身に付ける精神的能力を〝素養〟と言い表していました。これらはいずれも、子どもを一人前にする準備教育であったのです。

子どもを一人前にするための伝統的教育は、〝御陰〟や〝罰〟、〝義理〟、〝恥〟、〝笑い〟などという言葉によっても為されていました。それらは誰かに教えられて覚え、誰かに教えることによって学び、生活の知恵とするものであった（現代では教えられても知恵とする人は少ない）のです。その生活の知恵が、少年期の子どもたちの道徳心をも促していたのです。

明治以後、欧米から導入された学校教育は、国の制度による同年齢の擬制社会で、文字や言葉を中心とする合理的な近代的教育です。それは生活の知恵を習得するためではなく、より多くの知識と高度な技能を身に付けるためでした。

古来の伝統的教育は、一人前の社会人を育成するためでしたが、近代的教育は、よりよい国民を育成するのが目的となっていました。

③ 近代的教育の行き詰まり

国家が制度的に発展充実させてきた近代的学校教育は、文字や言葉により、知識や技能を高め、民度の高い国民形成に大いに役立ってきました。しかし、それは、明治、大正、昭和四十年代中頃までで、日本の発展と共に伝統的教育が廃れ、学校中心の近代的教育が充実されるにつれ、目的がぼやけてきたのです。

子どもたちは、学齢に達することによって学校教育制度に組み込まれ、間接情報と擬似体験の洪水に呑まれ、知識や技能は豊かになりますが、遊びや生活労働などの集団活動的な体験が少なく、自然とのかかわりが乏しいために、人間性や社会性の形成が十分なされないまま成長しています。その性格的特徴を具体的に表現しますと、次の七つが挙げられます。

ア、打算的　イ、指示待ち　ウ、相手の心を知ろうとしない　エ、人の上に立ちたがらない　オ、無関心、無感動、無気力の三無主義　カ、体格はよいが防衛体力は弱い　キ、巣ごもりがち

アからオまでは利己主義的、カは文明病、キは非社会的で心身症などの特徴があるのです。

これらは、社会人の基本的能力の未発達現象で、近代的教育の目的からも外れ、あまりにも利己的になりすぎています。不透明な科学的文明社会においては、合理的な近代的教育の行き詰まり現象が見え始めているのです。

④ 新しい教育観による見習い体験的学習活動

私たちは、肉体的には自然に大人になれますが、精神的には社会的刺激が必要です。いかに科

学文明が発達し、豊かな社会が達成されたとしても、人間らしく〝生きる力〟が必要です。

私たちの生きる力には、自分個人の生存や子孫を残すための〝生物的生存能力〟と、自然または社会環境を十分に認識し、自分で考え、適切な判断と行動ができる〝社会的生存能力〟があります。

このような〝生きる力〟、特に社会的生存能力は、知識の学習だけでなく、少年期の子ども時代に集団的に行う生活体験などの、見習い体験的学習活動によって身に付けることが大切なのです。

知識や技能を合理的に習得させるための近代的教育の行き詰まり現象の中で、伝統的教育による集団的見習い体験的学習活動の重要性が再認識され始めています。特に、生活用語としての言葉（国語）には見習い体験的学習が必要なのです。

少年期の見習い体験的学習活動の重要性は、欧米ではルソーやペスタロッチ、デューイなどによって早くから提唱されていましたが、日本ではごく普通のしつけや素養を中心とする伝統的教育のことでしたので、近代的教育論としてはあまり評価されませんでした。

ここで言う見習い体験的学習活動とは、ア、無意図的　イ、意図的　ウ、教育的などのことですが、これらの見習い体験的学習の機会と場を与えることを、ここでは「野外文化教育」と呼んでいるのです。

文明が発展するほど、国際化が進むほど、社会人に必要な基本的能力である、生きる力としての生活文化を身に付けさせるに最も都合のよい、これからの新しい教育観による、ポスト近代教育とは、伝統的教育と近代的教育とが和合した、野外文化教育としての集団的見習い体験的学習活動を取り入れることです。

3 日本語習得に必要な集団活動

① 生活言語の乏しい子どもたち

言葉は、幼少年時代にいろいろな体験を繰り返し、周囲の人々を見習うことによってまず生活言語（方言）を身に付け、やがて学習によって国語を身に付けるのがこれまでの習いでありました。

しかし、今日の子どもたちは、生後間もなくからテレビやビデオなどによって意味も分からないまま言葉を覚え、小学一年生から教科書によって標準語としての日本語、国語を学習させられていますので、生活言語を覚える機会が少ないのです。

われわれ人間は、原体験のない言葉では考える力、感じる心、創造する力、表現する力などを豊かに培うことは難しいのです。そのため、今日の子どもたちは学齢を重ねるに従って、学習による知識としての「日本語」が、徐々に理解でき難くなっています。

生活言語の乏しい子どもたちは、読書をしても内容をよく理解できないし、会話をしても表現することが下手で黙りがちになっています。

科学的文明社会に生まれ育つ今日の子どもたちは、伝達用語としての話し言葉は知っていますが、生活用語として体験の伴う生活言語が非常に乏しく、言葉の実態を知らないので、理解力や表現力を高めることができなくなっています。

② 日本語は生活文化

二人以上が共に生活するには共通の言葉が必要なため、国が定めた共通語が国語と呼ばれるのです。日本は未だに国語を規定してはいませんが、一般的に日本語を国語とみなしています。わたくしたち日本人が、慣習的に国語としている日本語は、国民にとって最も大切な文化で、共有することが必然的条件です。日本人にとっての「日本語」は、日本の大地に馴染んだ生き方、考え方、風習、価値観などと同じ生活文化なのです。

しかし、今日の若い世代が話す日本語はかなり乱れています。それを是正しようとする中年以上の日本人が少ないので、すでに日本語は日本人共通の生活文化ではなくなってきています。日本語が世代間によってかなり異なっていることは、学校教育における学力低下や国民の活力低下の原因にもなっているのです。

子どもの本質は不変ですが、今日の日本の子どもたちは、日本人になるための土着化教育がなされていないため、社会化、文化化が遅れています。それは、親や大人が、文化的誇りを失い、生活文化としての日本語教育を怠り、子どもの心身機能の開発を忘れてきた結果とも言えます。

③ 国語力は人間力

日本語は、日本人にとって自然環境や社会環境及び生活文化について自由に話せ、十分に表現できる言葉なのです。日本人は、国語としての日本語の理解力や表現力を高めない限り、よりよい知識や技能、価値観、社会性などを身に付けることはできないし、よりよい社会人になることもできません。

日本語による表現力や理解力である国語力を高めるには、文字や文法、解釈などを中心とする知識や技術教育以前に、生活現場で言葉の裏付けとして、いろいろな体験を通して学習する生活言語の習得が重要なのです。

生活言語は、自然と共に生きるに必要な、変わり難い言葉で、社会の共通性（公共性）、安定性、継続性に欠くことのできない生活文化です。その日常的言葉によって、価値観、好き嫌い、感動などの心や社会性が培われ、人間力を高めることができるのです。

ここで言う人間力とは、国語力、道徳心、自然や郷土愛、風習などの生活文化や、情緒・情操の豊かな心、精神力、体力などのことです。しかし、社会生活に必要な人間力の大半は、生活言語を基礎とした国語力によって培われるのです。

④ 日本語習得に必要な集団活動

言語習得に最も大切な少年期は、六〜十四、五歳です。少年期前半の六〜十歳頃までに習得すべきことは、安全や衛生などの概念、自立心、防衛体力、よく食べ、よく遊び、よく眠る習慣などです。後半の十一〜十五歳頃までに習得さすべきことは、情緒、情操の心、行動体力、自然体験や共同体験の心得などです。このようなことを少年期の集団的な体験活動、すなわち集団活動を通して習得することによって、言語としての日本語能力が高められるのです。

少年期の教育のあり方には見習い体験的学習活動や訓練、学校による教科教育などがありますが、最も効果的なのが、古来と変わることのない集団活動の中での見習い体験的学習活動です。

ここでの体験活動とは、この見習い体験的学習活動のことですが、その内容を具体的に類別すると次のようになります。

①自然体験、②生活体験、③農作業体験、④野外伝承遊び、⑤耐久運動、⑥祭りや年中行事、奉仕体験、⑦地域踏査、旅行。

ドイツの動物学者E・Hヘッケルは、一八六八年に「生物の個体発生は系統発生を繰り返す」と、個体発生のうちに系統発生が短縮された形で反復されるという「反復説」を立てましたが、われわれ人間は、幼少年期にもいろいろな体験によって、系統発生と同じような過程をしっかり経過しておかないと、心身の機能を十分に発達させることができないし、日本語能力を高めることもできないのです。

今日の日本にとって最も重要な課題は、少年期の学力向上よりも、少年期に集団的ないろいろな体験活動を通して、生活言語としての日本語を豊かにし、国語力を高めさせることです。

日本人　しっかりせよと　ホトトギス

4　生活力向上と集団的生活体験

①人類未経験の社会

〝必要は発明の母〟と言われてきましたが、人類は多くを創造しました。例えば照明、電機、電子、電波、電話、汽車や電車、自動車、船、飛行機、ロケット、その他諸々の化学物質や医薬品、医療器具など、数え切れないほどたくさんあります。

それら科学技術による文明諸器具が、日常生活に及ぼす影響は大きく、社会的現象の変化は想像を絶する速さであり、人間の社会的あり方が不明で、子どもたちへの社会人準備教育が対応しきれていないのです。

闇を征した照明器具、時間や空間を征した電子頭脳、社会的価値観を征した貨幣、移動の困難を征した乗り物など、必要性が生み出した多くのことが、これまでの社会性や人間性を狂わせ、多くの人が対応に迷っています。

特に電子頭脳の発展は日進月歩で、社会生活への影響力が大きく、不安定な心理状態を生じさせています。そして、自信のもてない大人たちは、受動的に対応することがやっとのことで、子どもたちへの社会人準備教育については、まだ配慮が足りない状態です。

しかし、われわれ日本人は、七十億人もの人類が生活する地球が、いかに広くても、科学文明が日本ほど画一的に浸透している国は、他にないことを認識すべきです。

物が豊かで、安定した平和な科学的文明社会は、日本の他にはどこにもない事実を認識しない限り、人類が経験したことのない新しい社会に対応する人間教育の必要性が、自主的に芽生えてはこないでしょう。

これからの日本人は、後を追いかけてくる国の人々のためにも、人類未経験の科学的文明社会に対応する、少年期の人間教育のあり方を発見、発明する努力をし、産みの苦しみを味わわなければなりません。

②　科学的文明社会への対応

これまでの人類は、社会生活や教育のあり方、その他全てのことが、社会発展のためでした。今もまだ、その必要に迫られている国は多いのです。

しかし日本のように、科学文明が津々浦々にまで画一的に浸透している豊かな社会では、かえって人間性や社会性の発展が阻害されがちになって、文明化の意義とあり方の確認が必要になっています。

古代から発展的思考によって生きてきた人類が、今やっと安定的、継続的思考の重要性に気付き始めているのです。特に日本では、情報文明社会に生まれ育つ子どもたちが、成長過程において、個人的、利那的、虚無的発想の生活観を身に付けて、ニートや、ネット中毒などと呼ばれる、非社会的な若者が多くなっています。良いか悪いかは別として、このような非社会的な人が多くなる現象には、これまでの教科教育を中心とする教育観では対応しきれないのです。

人間の本質は、今も百年前や千年前とあまり変わっていません。特に幼少年期の子どもの本質は、変わることのない動物的人間です。

変わらない子どもの本質を、科学的文明社会に対応する生活の知恵としての生活文化を身に付けた、社会的人間に成長させる対応策として、新しい教育観による社会人準備教育が必要になっているのです。

③ 生活者の育成

いつの時代にも、大人は子どもたちに、まず自然と共に生きるに必要な生活文化を伝えました。そのことからすると、これからも教育の目的は、労働と生活のあり方を知るよりよい生活者を育成することです。

ところが、人口が増加して、文化が複雑化し、文明が発展しますと、物事に対応する知識や技能が要求されるようになったのです。特に日本では、明治五年に学校教育制度が導入され、近代的産業化の進んだ欧米に追い付け追い越せ式の、知識や技能である学力が重視されるようになったのです。

そのため、これまでの日本の学校教育では、生きるに必要な生活の知恵すなわち生活文化の伝承が無視され、新しいことに対応する知識や技能の習得、すなわち学力中心に考えられていました。

しかし、これからの日本に最も必要な公教育の目的は、社会意識を身に付けた生活者を育成することなのです。

④ 集団活動としての生活体験

生きる力を身に付ける人間教育に最も重要なことは、自然と共に生きてきた伝統的な生活文化の伝承が基本です。

科学技術がどのように発展し、豊かな社会になったとしても、生活者の知恵である生活文化を身に付けていなければ、安心感のもてる元気なよりよい社会人にはなれません。

少年教育の基本は、自然なる産物を得て料理して食べる、生活の知恵を身に付けさせ、労働と生活の仕方を教えて生活力を向上させることですが、それらを言葉や文字、視聴覚機器などによって教え、伝えることは困難です。生活力向上のためには、古来と変わりない異年齢の集団活動としての生活体験が望まれているのです。

これからの高度に発展した、豊かな科学的文明社会に生まれ育つ子どもたちに、より効果的に生活力を高める社会人準備教育のためには、十～十三、四歳の間に五日から十日間の、自炊による共同宿泊生活をする、集団的生活体験が一、二度必要なのです。

Ⅲ　生活文化伝承のあり方

一　家庭による伝承

1　日本的家族の復活

①　しつけのなくなった家庭

環境に適応する能力をもつ人類は、集団的生活をする社会的動物です。しかし、物が豊かで平和な科学的文明社会になった今日の日本では、環境にかかわりなく利己的に生きようとする人が多くなると共に、家族の絆や家庭教育のしつけが弱くなり、自殺率が世界で一番高くなっています。

人間が自殺する最も大きな要因は孤独です。孤独は不安や不信、失望感などをかりたて、生きる意欲や存在感を失わせるのです。

心身共に弱い人間は、集団をなして社会生活を営みますが、その最小単位が家族です。

本来の日本は、信頼社会で、家族の絆が強く、家庭教育がしっかりしており、助け合い精神や忍耐力があり、我慢強い人が多かったのですが、この半世紀の間にアメリカ化が進んで大きく変化しました。

今日の日本では人々の社会意識が弱く、国際化がどんどん進み、家族の存在価値がどんどん薄らぎ、金銭的価値観による格差が生じ、貧困率が高くなっています。

そのせいか、世界で最も多い自殺率で年間三万人以上もの自殺者がいるのです。その主な原因は、戦後のどさくさにまぎれて、家庭教育としてのしつけがうまくできていなかったことによるものと思われます。それは信頼社会が衰退し、家族が崩壊して、安全、安心が感じられず、心の拠り所をなくした利己的で孤独な人が多くなった原因でもあります。

② 失われた家族意識

一般的な家族とは、同じ家に住む夫婦、親子、兄弟姉妹など、近い血縁の人々のことなのです。私たち日本人は、家の内と外を区別し、家を〝うち〟とも呼び、各部屋が襖や障子で仕切られているだけのうちにおいては、個人の区別はなく、家族として一体化した存在でした。そのため、同じ家に住む人を〝うちの人〟と呼び、隔てなき間柄としていたのです。

このような家族意識から、親子の絆が強く、親のため、子のため、家族のための犠牲は、当人にとっては最も高い意義とみなされていましたので、家庭教育はしっかりしていたのです。

ところが、戦後はアメリカナイズされて利己的個人化が強くなり、家族の絆が、工業化による経済的発展と共に衰退しましたので、家庭教育も家族意識も徐々に崩壊したのです。

今日の日本の家は欧米化し、厚い壁や扉で部屋が仕切られ、鍵までついて孤立化しています。そして、市場経済中心の社会は、人間を個人の労働者や消費者とし、家族は個人の結合と化し、人々は否応なく労働者に駆り立てられ、そして利己的になって、日本的家族は崩壊しました。

③ 家庭教育の復活

社会で最も重要なのが人です。本来、利己的な動物である人は、生後の模倣と教育によって、社会性や人間性の豊かな社会人になるのです。定住する信頼社会の日本では、家族の絆が強かったこともあり、世間に恥を晒さないよう、子どもにしっかりと家庭教育としてのしつけをしていました。その内容の程度は別にして、家庭教育によって文化的社会人になれないと、私たちは利己的で孤独になりがちなのです。

人は人とのかかわりに、特に家族とのかかわりによってよりよく育てられるのですが、学校による公教育の社会的目標も、理屈によって言葉、風習、道徳心、信頼心、生活様式など、共通の生活文化を身に付けたよりよい元気な社会人の育成なのです。

しかし、この半世紀以上もの間、日本の学校教育は、個人の能力を開発し、受験用の学力向上中心に行われ、社会的目標がはっきりしていなかったのです。それと共に社会的価値観としての家庭教育も衰退したのです。

その結果、社会人になれない、なろうとしない、自分勝手な人が多くなり、社会を守る立場に必要な規則、競争、義務を嫌がり、守られる立場の自由、平等、権利を主張しがちです。今では社会意識が弱く、自信をもてない孤独な人が多く、犯罪が多発するようになりました。こうした社会的現象に対応して青少年を元気で意欲的にするには、親による家庭教育の復活しかないのです。

④ 犬猫豚よりも人間愛を

このごろの日本のテレビコマーシャルでは、犬が父親になって言葉を話しています。それどころか、某新聞紙上では、ペットの犬猫豚までも〝家族〟ではなく〝かぞくの肖像〟として紹介されています。と言うことは、日本人は犬猫豚並みなのです。

日本の家族が崩壊し、日本人社会が衰退していますので、犬猫豚などによって心が癒され、励まされ、助け合いがなされるというのでしょうか。それとも日本の父親がだらしないので、雄犬に代役をさせているのでしょうか……。例えとしても、父親が雄犬とは情けないことです。

今日の日本では、生まれて間もない乳幼児からテレビのコマーシャルを見て育ちますので、犬が日本語を話すことが刷り込まれてしまいます。その子どもたちが大人になった時、人間よりも犬に親しみを感じるようになるかもしれません。

アメリカは、移民による多民族、多文化、多宗教の国で、まだ国家的に統合されていない不安定な不信社会であり、孤独な人が多く、公的にはどの民族にも、どの文化にも、どの宗教にも偏ってはいけないことになっています。そのため、物や動物、それに自然現象までも擬人化して、テレビコマーシャルや番組その他に利用されがちであり、ペットを家族化しがちなのです。

しかし、日本は、世界で最も安定した統合国家であり、単一民族に近い信頼社会なのです。家庭教育をしっかりして社会的目標のある青少年教育によって、人間同士が信頼し合い、家族が絆を深めれば、物や動物を擬人化する必要はないし、自殺者も少なくなります。何より、動物よりも人間に頼り、頼られる人間愛を重んずる社会の方が、文化的には高等なのです。そのことを世界に知らしめることのできるのは、私たちが生活している日本だけなのです。

2 家庭での見習い体験的学習活動

① 体験活動の安易な傾向

平成十三年四月十一日、文部科学大臣が「青少年の奉仕活動、体験活動の推進方策などについて」を中央教育審議会に諮問しました。そして、十四年の七月二十九日、中教審は答申をまとめました。また、文部科学省は、十四年七月十日「二〇〇五（平成十七）年度までに、全国小・中・高校で、七日間以上のまとまった体験活動を実施する」との目標を示しました。

そんなこともあって、この数年来、青少年の体験活動が俄に脚光を浴びるようになりました。ここで言う「体験活動」は、教育的側面の強い、社会、自然などに積極的にかかわる様々な活動のことであり、見習い体験的学習活動のことです。

しかし、少年自然の家や青年の家など、青少年教育施設の現場が推進する体験活動の傾向は、キャンプ・野外ゲーム・自然の擬人化などやアメリカ的野外レクリエーション中心の形や技術を習得するための活動であり、学校教育ではボランティア体験・自然体験・職業体験などの活動が中心になっています。

残念なことに、それらは社会性や人間性を豊かにし、「生きる力」の育成に最も重要な、生活体験や人間の機能（思考力・防衛体力・忍耐力など）向上を促す体験が少なく、科学的文明社会に対応する青少年教育としての目標を達成するようにはなっていません。

体験活動が子どもの満足度を重視しますと、人間の機能を向上させ難いのです。また、学校教育の五日制や総合的学習などに対応することが大事なのではなく、それらが導入された目的である生活文化伝承に対応する体験活動が重要なのです。

②　家庭での生活体験

科学技術の発展した、豊かで平和な社会に住む文明人は、機械化と合理化に慣れ親しみ、人間の野性的機能や自然と共に生きる生活の知恵の重要性を忘れ、家庭での見習い体験的学習活動の重要性に気付かないままに生活しています。

幼少年時代に家庭や地域社会でいろいろなことを見習い体験した大人は、物事を比較する力をもっていますが、体験のない少年期の子どもたちは、目の前にあることが全てで、比較することができないのです。そして、有史以来続いている社会人に必要な人間性や社会性、生活文化などを体験的に知ってはいないのです。

日常生活に氾濫している情報や技術は日進月歩で、文明的社会現象は目まぐるしく変化していますが、私たち人間の本質、特に子どもの本質は数百年来ほとんど変わっていないのです。

今、少年たちにとって体験的学習活動が必要な理由は、変化の激しい文明的社会現象と、ほとんど変化のない人間の本質との調和を図ることなのです。そのためには、野外レクリエーションや職業体験・ボランティア・スポーツなどよりも、科学的文明社会でよりよく生きるに必要な社会人の基礎・基本としての生活文化を体験的に習得することのできる、家庭などの生活現場での見習い体験的学習活動が重要なのです。

社会人として生きるに必要な力を培うための見習い体験的学習活動なら、最初に家庭で親を見習うことです。そして自然の中で仲間と共に思う存分遊ぶことです。

いつの時代にも、少年期の子どもたちがまずしなければならない見習い体験的学習活動は、家庭における生活体験であり、仲間との群れ遊びなのです。

③ 少年期に必要な不足の体験

〝足らぬは余るよりよし〟の諺通り、少年教育の原点は不足の体験です。何より、私たち人類は、古代から飢・渇・疲労・寒さ・競争・欲望など、ありとあらゆることの不足に耐えて生き抜いてきました。したがって、これまでの文化は「耐乏生活文化」と表現しても過言ではないのです。

ところが、二十世紀後半、特に日本では一九七〇年代（昭和四十五年頃）から、科学技術の発展と不戦によって、これまでに人類が経験したことのない、豊かで平和な社会の継続に成功しました。しかし、多様な社会観・価値観・文化観を生み出し、人間の存在感の希薄化や物事の不確実性によって、利己的な人間が多くなり、社会は不安定になりました。

物が豊かで平和な、しかも生きる目的や意義を感じ難い、不安定社会に生まれ育つ少年たちにとって最も大切な体験活動は、物が足りない不足や不便、暗闇、徒歩などの素朴な体験です。

④ 少年教育は見習い体験的学習活動

人生の基礎が育まれる少年期に、体験的学習によって心身を培うことは、古くから最もよく知られた伝統的教育です。少年期に大切なことは、社会人になるための見習い体験的学習活動であり、最も身近な見本である親に近づこうと努力、工夫するところに訓練や鍛錬があるのです。なぜなら、子どもたちはやがて大人になり、親となって家族をもつために学んでいるのですから。見も知らぬこと、意味や目的も知らずに行うことは、単なる体験であって体験的学習活動ではありません。

自分勝手な単なる体験は、〝数打てば当たる〟的な場当たり的行為で、納得できるまでに時間と労力を要します。結果的には〝急がば回れ〟的に、身近な見習い体験的学習の方が効率的に早く習得でき、知恵や文化とすることができて納得しやすいのです。

社会のよりよい後継者を育成するための少年教育としての体験活動は、まず家庭における見習い体験的学習活動のことであって、生活観のないレクリエーションとしての気ままな活動のことではないのです。そのためには、少年期の子どもたちが週休二日で、家庭生活を見習う機会と場が多くなることが必要だったのです。

これからの科学的文明社会に生まれ育つ少年たちに、学校や教育施設が公の費用と時間をかけて為す体験活動は、これまでの家庭で見習うことができたと同じような生活体験のできる、見習い体験的学習活動の機会と場を与えることです。

3 個人化する前の家族化と集団化

① 元気な群れ遊ぶ子どもたち

少年期は六〜十五歳くらいまでですが、前半の六〜十歳くらいの子どもは、家族から離れて自然に仲間を求めて群れ遊びます。そして、仲間同士で集まっている安心感や存在感などの心理作用による集団化によって、規則・競争・義務などの必要性を体験的に学ぶのです。それは社会人として大人に成長するための最初の試練でもあります。しかし、この仲間との集団化の前に家族化がうまくできていることが重要です。

平成二十二年十月下旬の某新聞発表によりますと、「仲間同士で固まっていたいか」という質問に、「はい」と答えた小学男子五七パーセント、中学男子五四パーセント、小学女子四八パーセント、中学女子四七パーセントであったそうですが、子どもが連れて行動することは、古代からごく普通のことなのです。

また、「仲間外れにされないように話を合わせているか」という問いでは、「はい」と答えた小学男子五〇パーセント、小学女子五三パーセント、中学男子四六パーセント、高校男子四三パーセントで、中学・高校ではいずれも女子より高かったそうです。

少年期前半の子どもにとっては、「はい」と答える方がごく自然で、当たり前のことなのですが、いつでも自分を迎え入れてくれる家族化がうまくできていないと、なかなか答えられないのです。

子どもが群れ遊ぶことによってまず身に付ける社会性は、家族とは違った違和感のある仲間同士がお互いの空気を読んで分かり合う集団化なのです。

②仲間意識が対人関係を培う

子どもは仲間と群れ遊ぶことによって、仲間意識が向上し、規則・競争・義務などの必要性に目覚め、対人関係のあり方を覚え、言葉や仕草などによる意思伝達方法を身に付けるのです。また、野外で群れ遊んで切磋琢磨することによって、自然的危機管理能力としての〝勘〟が養成され、生きる基本的能力も培われるのです。

大人になるための通過儀礼的な集団化は、子どもたちに仲間離れになることを恐れさせ、用心深く同調する知恵によって、どこに属しているのか帰属意識をもたせます。

人は帰属化によって仲間意識や郷土愛などが強くなり、故郷のような愛着心が深まります。さもないと居場所やアイデンティティーをなくして安心することができなくなります。

少年期前半の集団化による仲間意識の向上によって、他を思いやる心や助け合い、協力・協調・親切心などの社会意識が芽生え、仲間を主体的に助け、守る意識が高まるのです。しかし、その前に家族化が成り立って、いつでも安心して帰ることのできる場所が確立していないと、うまくはいきません。

私たち人間は、社会人としての基本的能力である言葉や風習が身に付き、そして協力・協調、安全・衛生などの社会性が培われ、自立心が芽生えることによって対人関係がうまく保てるようになるのです。その最も大事な見本が、家庭内における親や兄弟姉妹との係わり合いです。

③ 個人化・幼稚化した大人

少年期前半に家庭や地域社会で群れ遊んで集団化した子どもが、少年期後半（十一〜十五歳）の学習によって、自分は何者なのかを考えるようになり、自我の覚醒によって独立心が強くなります。

そして更なる学習によって他との違いに気付き、自由・平等・権利などの人権に目覚めて、他から守られるべき立場を意識することによって、唯我独尊的に個人化するのです。

しかし、風俗・習慣や言葉などの社会的あり方を学習し、他と比較することによって、我慢する力である忍耐力・すなわち欲求不満耐性が芽生え、他人と比較したり反省したりすることによって、社会的危機管理能力でもある〝道徳心〟が培われて、他を思いやることのできるよりよい社会人としての大人に成長するのです。

だが、戦後の民主教育を受けた多くの日本人は、家庭化がうまくなされていなかった上に、少年期前半からいきなり個人化を促され、集団化の経過がなかったこともあって、利己的な幼さを引きずった幼稚化現象が強いのです。そのため、コミュニケーションがうまくとれなかったり、対人関係がうまく結べなかったり、心の拠り所がなかったり、意欲がもてなかったりして、ニートや自閉症的と呼ばれるような非社会的な人が多くなっています。そして、幼稚化した大人社会が、子どもっぽさを演出し、一層利己的な個人化を促しているのです。

④ 個人化の前に集団化を

戦後日本の教育は、少年期前半に必要な集団化をないがしろにして、いきなり幼稚園や小学一年生から自主性や積極性、主体性、個性などの知識偏重による個人化教育の理念が強く、社会で守られる立場の自由・平等・権利を主張し続けてきました。

そのため、集団化に必要な信頼や協調性、道徳心などが薄れ、社会を守る立場の規則や競争、義務をないがしろにする利己的な人が多くなったのです。

社会人としての人間力の要素は、言葉、道徳心、愛、情緒、情操などの心、風習などの生活文化や精神力・体力がありますが、これらの大半は幼少時代の家族や地域社会の集団活動によって培われるのです。

人間は、個人化する前の少年期前半に、家族化や仲間としての集団化が促されていないと、人を愛し、協力し合うよりよい社会人になろうとはしなくなります。発達段階でまず家族や仲間と群れ遊ぶことによって家族化、集団化された子どもが、その後学習することによって個人化が促されて一人前の大人になれるのです。

社会が安定・継続するためには、より多くの人が家族的信頼によって、できるだけ同じ方向に向いて協力し合うことが必要ですが、今日の日本は、家族が崩壊していますので、家族的集団化を知らず、皆が自分の都合によって別々の方向を向いているのです。

大人は子どものなれの果て、先生は生徒のなり上がりなどと言われてきましたが、社会の後継者である青少年は学力同様に、家族化や集団化によって培われる人間力をも高めていなければ、よりよい社会人にはなれません。私たちにとって最も大事なことは、幼少年時代にまず家族化が促され、そして、少年期に集団化が培われることです。さもないと、私たちの社会の安定・継続は大変困難になります。

4 家族（集団）化による個性

① 共同体としての集団化

社会は、ある種の儀礼や形式を全員で守ることについての同意がなければ、共同体としての共存は成立しなくなります。その原点は社会の最小単位である家族の絆とも言える家族化です。もし、お互いの同意が失われれば、やりたい放題の動物的人間が集まる、弱肉強食の不安定な暗黒の世界になります。

私たち人間は、家庭や故郷のような、何かに、何処かに帰属することによって安心感が深まり、安定感が広がるのです。さもないとアイデンティティーや居場所、帰る場所をなくして不安にさいなまれ、安住することができなくなり、意欲を欠いてしまいます。

子どもが兄弟姉妹や仲間と群れ遊ぶことによってまず身に付けるのは、相手との触れ合いによる、お互いの空気を読んで分かり合う家族化や集団化なのです。

社会を営む私たちにとって、集団的・社会的には共に生きることが大事ですが、個人的には好きなことをすることが大事なので、家族的社会を求めなくなった人は、安全・安心な精神性を失いがちになります。

②集団で培われる個性

知識や情報で世界のこと、多くのことをよく知っていても、近所や住む町の人々、そして風習について何も知らないようでは、集団の中でよりよく元気に生きていることにはなりません。私たちは知識の習得や知識の競争をするだけでは、社会人としての生き抜く力を身に付けることはできません。知識や情報、技術はそれをうまく活用・応用して、集団の中で役立つことの特性、力としての個性にすることが大事なのです。家族の中で個性はあまり必要ありませんが、個性は家族集団の中で芽生え始めるのです。

人間は、家族的社会を抜け出し、一般的な競争社会で独立した個人として完全な自由を行使できるようになって、初めて個性が必要になるのです。

将棋の羽生善治名人は、個性について次のように話しました。

「将棋の駒を指すのは、ほとんど相手との共同作業の定石。しかし、時には自分の考えで指す。その自分の考えで指す特徴が個性だと思う」

私たちの個性は、作ろうとしてもなかなか作れるものではないのです。いざと言う時に自分で考えて行動すること、またはその積み重ねによって個性が培われるのです。だから、個性は予定や計画通りにならない時に対応する力でもあります。

私たちが物を料理する〝コツ〟は、食材のもっている特長を最大に生かし、引き出すことです。私たちの知識や情報は食材と同じなので、それを社会生活でうまく活用・応用することが重要であり個性的なのです。

③ 家庭から始まる社会化

六～十歳くらいの子どもは、家族とだけではなく自然に仲間を求めて群れ遊びます。そして、野外で群れ遊んで切磋琢磨することによって、家族とは違った規則・競争・義務などの必要性を体験的に学びます。

私たちは、社会人としての基本的能力である言葉や風習が身に付き、協力・協調・安全・衛生などの社会性が培われることによって、対人関係がうまくなることはすでに述べました。

社会人としての人間力には言葉、道徳心、愛情、情緒・情操などの心、風習などの生活文化や精神力、体力がありますが、これらの大半は少年期の家庭や地域社会における集団活動によって培われるものです。

少年期に群れ遊ぶ体験活動を通じて身に付ける社会化は、協力・協調の心や創造力と活性化を促して、感受性を磨き、雄弁かつ正確に話す言語能力を身に付け、自由で豊かな生活をもたらす基本でもあるのです。それこそ、親の保護下にある家庭におけるいろいろな活動は集団の中で、よりよく生き、よりよい元気な社会人になる個性的なあり方の訓練であり、源泉でもあります。

④ よりよい生き方の仕掛け

戦後の民主主義社会を発展させてきた日本人社会は、個人が〝よりよい生き方〟をすることにあまり関与しないで、〝自由・平等・権利〟や〝弱者への配慮〟などについては積極的に推進してきました。

その結果としての現状は、家族は崩壊し、社会は経済活動中心に、教育は学力中心に、政治は政党中心に、行政は前例中心に行われてきましたので、お互いの気配りや絆が薄れ、活気を失って混沌としており、末に国家としての有様が見えません。

しかし、これからは、社会全体で個人の〝よりよい生き方〟について拘っていかざるを得なくなってきています。しかし、その原点は家族なのです。

大人は子どものなれの果て、先生は生徒のなり上がりなどと言われてきましたが、私たち人間は家族集団から出発して、より大きな社会で個性的なよりよい元気な社会人になれるのです。そして、大人は、後に続く子どもたちによりよい元気で明るい生き方を伝え、導くことが一層必要になっています。しかしそのあり方の見本、原点は、少年期の家庭生活や家族との係りにあります。

そこで、世界で最も高度に発展した平和で豊かな文明国日本に住む私たちは、自信と誇りをもって、これからの科学的文明社会で〝家族化による個性〟の重要性を認知し、より多くの人々が個性的で元気な〝よりよい生き方〟ができるように、少年期の子どもたちが、家庭内でいろいろな体験活動ができるように仕掛けてやることが必要です。

二　学校教育による伝承

1　これからの公教育と生活文化の伝承

①　政治は人づくりから

豊かな文明社会の最大の課題が、少年期の子どもたちの教育であることは、多くの人が気付いていますが、どう対応すればよいのか暗中模索の状態で、文明化に対応する〝人づくり〟があまり具体化されていません。今こそ政治が新しい教育政策に取り組む時なのです。

政治の基本は、暮らしやすい社会を作るために重要なことを決めることですが、今の政治は、結果としての経済不況や高齢化、少子化などの社会現象に対応して、金をばらまいているだけのように思えます。

いつの時代にも最善の策は、予防療法的な〝人づくり〟からやり直すことです。

人づくりの基本は、言葉や道徳心、義務や責任、衣食住や衛生の概念など、社会人の基本的能力（野外文化）を身に付けさせることです。

私たちにとって、いつの時代にも変わらないであろう大事なことは、社会人の道徳心とお互いの信頼心です。小中学校の義務教育は、その共通性を高めるためにあるのですが、文明化によって情報が氾濫し、公教育の目的がはっきりせず、個人化が進んで利己主義者が増加しました。何よりも、これまでのように公立の小中学校における教科教育だけでは、その共通性を伝えることすら至難の業となりました。

②社会の安定・継続のための教育

人類は未知なるものを探求し、開発、発展を望む性質がありますので、いつの時代にも経済的繁栄が先走りがちなのです。政治の基本三要素は、社会の繁栄、安定、継続についての政策立案ですが、自然発生の弱肉強食的な経済的繁栄は多くの犠牲が生じますので、いつの時代も政治家の良識ある判断が望まれます。

今、問題になっている経済不況や少子化、高齢化、学級崩壊などの社会問題は、公教育が社会の共通性を軽視して、安定と継続の長期的展望を失い、個人の欲望を優先した進学用の学力中心的な、場当たり的教育政策を遂行し続けた結果的現象なのです。

社会が、利己主義的な個々のニーズに対応することは不可能であるのに、今日の公教育は個人の進学用の学力に対応しようとしています。

例えば、一人立ちしたくない、守られる立場の人が多くなるようにしておいて、一人立ちを応援しようとしたり、男女の区別や役割をうやむやにしておいて子育てをさせようとしたり、自然環境も知らないのに自然保護を教え、学ぶ意義も知らないのに学力向上を強いたり、働く意義や喜びが感じられなくなるようにしておいて働かせようとしたり、老人の知恵や社会的役目の重要性を教えずに敬老精神を説いたりすることなどです。これらの全てが、社会の安定と継続を長い間軽視してきた、学力中心的教育の結果的現象なのです。

個人の欲望を優先する利己主義者は、このような対症療法的教育を認めがちですが、正しい公教育は社会の安定と継続のために、まず〝人づくり〟を最優先させることです。

③ マクロ的教育改革

自然の時の流れは、私たち人類にかかわりなく続いています。それを五十年や百年単位で考え、子どもたちを不安がらせるのは科学文明中心の発想によるものです。

科学技術は日進月歩でコンピューターなどは私たちの生活様式に大変な影響を及ぼしています。しかし、技術の世界による百年後は不明ですが、私たち人類はそんなに変化することはなく、社会的に生きる本質は今とほぼ同じです。

私たち人類には個人であると同時に、社会人であることが必要です。個人は死ねば全てが無になりますが、社会人は消し難い物があります。そのため、社会人の立場でマクロ的に考え、行動する知恵としての教育が必要です。

例え、遺伝子の組み換えが技術的に可能になったとしても、社会はその濫用を許しはしないでしょう。生命科学の分野では〝遺伝子特許〟の取得が問題になっていますが、遺伝子は自然の産物であって発明したものではありません。発見でしかないことに商業的特許を与え、人類の本質を変えるようなことは人道に反するのです。

欧米は契約的不信社会ですが、人類の理想は安定的信頼社会なのです。私たち日本人は、これまでに意識せずして信頼社会を築き上げ、文化的先進国に住んでいます。私たちはその自覚と自信をもって、マクロ的な教育改革の下に公教育を推進することが望まれています。

④ 長期の生活文化習得活動

私たち人類の能力は、生物学的にはある程度決められていますが、少しずつ個々の違いがありますので、成長期の環境や努力によって少々高めることができます。特に、十二、三歳までの脳が発達を続けている間には、環境が大きな影響を与えるそうです。

これからの情報化社会で生まれ育つ子どもたちは、間接体験が多く、ネット中毒のように個人的な世界に埋没しがちになりますので、知識や技術を合理的に伝えるだけではなく、他と共に行動するに必要な生活文化を習得するための、長期の生活体験などの機会と場を与え、人間本来の感じる心や生きる力を培わせる新しい教育観が必要です。

科学的文明社会で生まれ育つ子どもたちにとっては、自然の中で他と共に生きる生活文化習得に必要な、七日前後の生活体験が大変重要なのです。少年期の子どもは、同じところで七日間も共同生活をしますと、その体験は記憶の中に刷り込まれ「第二の故郷」として消えることはないのです。

これからの公教育は、教科書を使う教室内の教育と、教科書を使わない教室外での生活体験を、よりよい社会人の育成である〝人づくり〟の両輪とする、新しい教育観による教育政策が必要です。

その具体例の一つが、文部科学省の体験活動推進事業のモデルとして、夏休み中の東京の小学校で小学五年～中学三年の男女四十名が四班に分かれて、一週間の共同宿泊自炊生活による生活文化習得活動として、八年前から毎年開催している、〝生活体験学校〟なのです。

2 生活文化としての離合集散

① 整列できない子どもたち

「整列しなさい」

初日の朝の集いで二、三度叫んでも、なかなか整列しようとしません。整列の意味が分からないのかもしれません。

「ちゃんと並びなさい」

言い換えて見ても態度は変わらず、個々ばらばらに立っています。順序よく並ぶ意識がないのかもしれません。

小学五年生から中学生までの異年齢集団による、一週間の生活体験学校を開校するにあたり、いつも苦労するのは集団行動での離合集散です。

今日の小学生や中学生は、隊列の組み方や整列の仕方を知りません。学校で教えられているはずなので、もしかすると知っていても指示に従わないのかもしれません。

パソコンや漫画、アニメーションなどに関することはよく知っているのですが、集団行動をさせようとすると、のらりくらりと夢遊病者のような表情で、勝手な行動をするのです。まるで学校において集団行動の教育・訓練を受けたことのない子どもたちのようで、秩序が整えられません。

②　誰を中心に開くのか

「体操のできる隊形に開け！」

四班体制に並び、二班の先頭のA君を中心に開けと指示を出します。ところが、そのA君が動いてしまうのです。何より皆が誰を中心に開けばよいのかを意識せず、個々バラバラに離れるのです。

ラジオ体操をするには、お互いにどのくらいの間隔で開けばよいのか、判断する基準が身に付いていないようで、一メートルも離れていなかったり、四、五メートルも離れてしまったりする子がいます。

何のために、どのくらい開けばよいのか、立ち止まった所から前後左右を見て適当な場所へ移動しようとしません。自分の立っている場所が全体的に正しいのかどうかを判断しようとする気は、さらさらないのかもしれません。

「そんなに開かなくてもいいよ、もっと近寄りなさい」

四十名の子どもが思い思いに開くので、ラジオ体操の録音テープの音が聞きとれる範囲内に呼び寄せるのに時間がかかります。

やっとのことでラジオ体操を始めても、ラジオ体操のできない子が多くなりました。知っていても、半分眠っているようで、締まりが無い体操になるのです。

戦後の日本で、唯一全国的に共通した文化としてのラジオ体操でしたが、今では教えない学校もあるので、誰もが知っている共通文化としてのラジオ体操ではなくなっています。ましてや、体操のできる隊形に開くことなど、受験教育には無用のことになっているのです。

私たち日本人にとっては、たかがラジオ体操、されどラジオ体操で、北は北海道から南は沖縄まで、日本中何処へ行っても子どもから老人までができる民族文化であり、それができることは日本人の証明のようなものでした。しかし、十数年前からラジオ体操のできない子どもが多くなりました。

③ 前後左右に倣え

「元の隊形に戻れ！」

ラジオ体操が終わり、散開していた子どもたちに集合するよう指示します。

A君を中心に集まれと言っても、A君自身がその言葉の意味を理解できないのか、動いてしまうので集う基点がなくなります。

「A君は動いては駄目だ」

大きな声で指示されたA君は、急に直立不動になり緊張します。そのA君を中心に集合させても、前後左右を見て自分の位置が正しいかどうかを確かめようとしないので、列は乱れて雑然としています。

「気をつけ！」

気をつけの姿勢が分からないのか、なかなか両側に手を下ろして直立してくれません。

「A君を中心に倣え！」

ある者は右に倣え、ある者は左へ倣え、そして前へも倣い、前後左右の自分の位置を確かめればきちんと正しく並ぶことができるはずなのですが、指示通りには動いてくれません。何より、私が指示する日本語の意味を十分に理解できていないようです。

もう四十年間も青少年教育活動を実践してきましたが、私の話す日本語が徐々に通じなくなり、十数年前から子どもたちが離合集散の行動をうまくとれなくなってきました。

④　離合集散に必要な気配り

社会に規範が必要なように、集団行動における離合集散にも暗黙の了解事項が必要です。それは集団における共通認識としての価値観や風習などの生活文化でもあります。その伝承は公教育の義務でもあったはずです。

日本は、かつては世界で最も集団行動の得意な国民性がありました。それは近代的な学校教育が始まる以前からある伝統文化としての気配りでした。その気配りが集団行動に必要な隊形を整える心得となり、見事に整列することができていたのです。

「右へ倣え！」「前へ倣え！」

集団を整列させるには絶対に必要な号令です。

まる一週間、毎朝号令をかけて離合集散の仕方を教えました。三日、四日と経つに従って、子どもたちは号令の意味を理解し、徐々に隊列を整えられるようになりました。

最後の日の朝の集いでは、天気晴朗の下、子どもたち自らが前後左右を見て隊形を整え、きちんと順序正しく美しく並ぶことができました。今の子どもでも教えればちゃんとできるのです。

何をどうすればよいのか、その形のあり方は生活文化です。社会の日常生活に必要な生活文化は、生後の見習い体験的学習によって身に付くのです。そして、学校教育で花開くことになるはずなのです。

3 協力、協調心を培う長期的生活体験

① 社会と教育のあり方

社会には、知識・技術・法律などのように、変わるであろうことと、道徳心や信頼心、よりよく生き抜くことなどのように、変わらないであろうことがあります。

発展的発想による変わるであろうことを重視すると、社会は活気づきますが、安定せず、人々は個人化し、利己的な傾向が強くなります。一方、変わらないであろうことを重視しますと、社会は安定しますが活気を失いがちになり、人々は集団化し、画一化する傾向が強くなるのです。

社会は、個と集団の対立するものではなく、いかなる個も集団的規定なくしては存在しえませんので、守る立場と守られる立場の社会的学習が必要です。

教育にも、発展的発想による変わるための教育と、安定・継続的発想による変わらないための教育が必要です。新しい知識や技能を中心とする、変わるための教授指導は、学校における教科

教育によってなされ、生活文化を中心とする、変わらないための生活指導は、見習い体験的学習活動、すなわち体験活動などによってなされるのです。

②少年期に習得させるべきこと

少年期とは、前にも記しましたように六〜十五歳頃までのことですが、人格の基礎・基本が身に付く大事な時期なので、六〜十歳の前半期と、十一〜十五歳の後半期に分ける必要があります。

前半期では、野外で二人以上が共によく群れ遊ぶことによって、安全・衛生などの概念・自立心・防衛体力・身体によい物を食べ、よく遊び、よく眠る習慣を身に付けさせて、自分が属している遊び集団における仲間意識と勘を培わせることが重要です。

後半期では、学習を中心とし、情緒・情操などの心・忍耐力・行動体力・自然体験や共同体験などの心得（社会性）を身に付けさせることによって、知的能力や道徳心を培わせることが重要です。

そして、よりよい人間的状態を維持するための健康な肉体は、身体によい食物と適度な運動が、健全な精神は、心のよりどころと安心が最も重要です。そのためにも、社会に共通する生活文化を習得することです。

③安全・安心に必要な生活文化

ここでいう生活文化とは、先にも記しましたが、その土地に馴染んだ衣食住の仕方、あり方、風習、言葉、道徳心、考え方などの生活様式としての伝統文化のことです。

これまでは、この社会遺産である生活文化を伝えることが、それぞれの世代の人たちにとって、義務と責任があったのです。ところが、今日の日本人の多くは、戦後の伝統文化否定の風潮によって学校でも教えられていなかったこともあって、そうした意識が大変弱いのです。

今日の学校教育は、進級・進学、就職のための受験教育になり、学校外の青少年教育は、近代的なスポーツやアメリカ的レクリエーションになって、守られる立場の主張が強く、守る立場の社会人を育成する準備教育にはなっていません。公教育にとって最も大事なことは社会の安全、安心に必要な社会遺産としての生活文化を伝えることです。

④ 少年教育に必要な生活体験

私たち日本人の安全・安心は、金銭や物、武器などよりも、共通の生活文化を身に付けた日本人によって守られているのですが、戦後の民主教育は個人の守られる立場を主張させ、能力を引き出す利己的傾向が強かったのです。そのため、守る立場としてのよりよく生きる社会的目標を失い、市場経済活動を活発化する教育理念が中心になっていました。

よりよい元気な社会の後継者を育成することを目的とする青少年交友協会は、社会の安定・継続を願い〝かち歩き〟や〝グリーンアドベンチャー〟〝野外生活体験〟などの体験活動を通じて、社会に共通する生活文化を伝える青少年教育活動を、昭和四十九（一九七四）年以来続けてきました。学校外の青少年教育活動はなかなか理解が進まなかったのですが、この十数年来やっと社会性を促す社会人準備教育としての「生活体験」が注目されるようになりました。

しかし、今日では国の補助金制度がなくなり、助成金や委託金も減少しています。その上諸般の事情で活動費が不足しがちですが、当協会にとっては、事業費以上に管理費が不足しがちになっています。そのため、少年期の子どもたちに一週間という長期の生活体験の機会と場を与える自主運営の努力・工夫が一層必要になっているのです。

このような現状からも、これからの学校教育において、生活文化伝承のために一週間から十日間の、長期生活体験の実施が望まれているのです。

４　生活文化体得に役立つ野外伝承遊び

① 文明の落とし子たち

今日の文明社会では、子どもたちが野外で遊ばなくなっているし、遊べなくなっています。その代わり、文明機器を相手に室内で一人で遊ぶようになっているのです。世界の多くの人々は、そのような子どもたちを文明化や豊かさの象徴のように思っていますが、人類の未来にとってはあまりよい傾向ではないのです。

子どもは、いつの時代にも大人の真似をして、迷いながら成人し、自分たちの時代性を形成していくものです。しかし、現代の大人は、文明社会に適応するために、子ども以上に迷っていますので、子どもたちが見習う目標を失っているのです。そして、心の絆の弱い利己的な文明の落とし子たちは、身近なテレビやテレビゲーム、インターネット、その他で表現される世界や現象に近づこう、真似しようとしているのです。

大人に見本を求めることのできない孤独な子どもたちの日々の不安と不満が、いじめや登校拒否、自殺、暴力、非行、薬物濫用、援助交際などとなって表れているのです。

② 大人が伝えるべきこと

いつの時代にも、大人は、子どもたちが自分たちと同じようになるように、社会人の基本的能力を伝えてきました。それは、一人前の元気な社会人になるために必要な心得でもありました。社会の諸事には四つのとらえ方があります。それは、①変えてはいけないこと、②変わらないであろうこと、③変わるであろうこと、④変えなければならないこと、です。

大人が子どもたちへ伝えてきました、社会人の基本的能力とは①と②です。

私たちが生きる目的でもある〝よりよく生きる〟ことは、いかなる時代にも変わりません。テレビやインターネットなどの文明化によって生活の仕方が変化してきましたが、文明化や経済活動は、生活をより便宜的にする手段でしかなく、生きる目的ではないのです。

私たちにとって変えてはいけないことは、社会人としてよりよく生きることとお互いの信頼です。変わらないであろうことは、生き抜くことと道徳心です。

一人前の社会人である元気な大人は、いつの時代にも子どもたちが信頼感や道徳心を培う機会と場を与えてきました。その一つが、少年期の子ども時代に大人を真似て遊ぶ、見習い体験的学習活動としての野外伝承遊びであったのです。

③ 野外伝承遊びの三要素

子どもたちが、相手を知り、仲間を作るのに最もよい方法は、古代も今も野外で二人以上が共に遊ぶ〝野外伝承遊び〟です。ここで言う野外伝承遊びは、野外で二人以上が共に遊ぶことのできる活動の総称で、例えば、かくれんぼ、鬼ごっこ、縄とび、綱引き、お手玉、竹とんぼ、相撲などです。

野外伝承遊びは、古いとか新しいとかの時代性ではなく、いつの時代でも、子どもたちにとっては新しい遊びで、一人前の社会人になるための基本的能力（野外文化）を習得する機会と場なのです。ですから、〝古い遊び〟とか〝昔遊び〟などの呼称は、教育的には相応しくないのです。

六、七歳〜十二、三歳までの子どもは、野外でよく遊びます。この年代の子どもに言葉や文字、電波、電子映像などで、間接的に遊びを伝えても、物事の善悪、価値観、喜怒哀楽、好き嫌いなどの感情、創造力や活力などの基本を体験的に身に付ける、遊びの本質を伝えることはできません。

こうした野外伝承遊びには三つの要素が必要です。それらは、仲間、規則、競争です。

日本の古くからの伝承遊びを例にとって次のように類別することができます。

イ、仲間づくりによい遊び――綱引き、縄とび、騎馬戦、かくれんぼ、陣取り、棒倒し

ロ、規則を守り協調性を培う遊び――鬼ごっこ、お手玉、石けり、石当て、おしくらまんじゅう

ハ、競争心から努力、工夫する遊び——ビー玉、こま、めんこ、竹とんぼ、相撲

このような野外伝承遊びは、スポーツやレクリエーションとは違うのです。

④ 野外伝承遊びを見直そう

現代の日本の体育は、競技スポーツやレクリエーションに偏りすぎ、〝遊び〟がなくなっています。

スポーツは強い規則の下で技や時間などの順位を競う、訓練を要する厳しい活動ですので、発達段階の少年期の子どもには、心身共に強い負担がかかります。

レクリエーションは、まず楽しみありきで、規則や競争などの弱い、娯楽中心の活動です。

古来子どもたちによって遊び継がれてきた野外伝承遊びは、まず遊びありきで、時と場所によって規則が変化し、野外で二人以上が切磋琢磨しながら競い合う自発的な活動で、少々の訓練が必要であり、少年期の子どもたちにとっては適度な心身の鍛練になります。

今日の子どもたちにとって、学校が楽しくなるためにも、小学一～三年生には規則や競技性に弱い〝野外伝承遊び〟を、四～六年生には規則や競技性の強い〝野外伝承遊び〟を体験させることによって、社会人としての心身の基礎を培うことが必要です。学校教育に野外伝承遊びを取り入れる場合には、学年ごとに次のような内容を参考にすればよいです。

○　一～二年生　　草遊び、泥遊び、水遊び、雪遊び、木の実遊びなど

○　二〜三年生　鬼ごっこ、かくれんぼ、肝だめし、おしくらまんじゅう、陣取りなど
○　四〜五年生　縄跳び、風車、水鉄砲、紙飛行機、お手玉、石蹴り（片足跳び）、石当て、ビー玉、馬乗り、相撲、遠足など
○　五〜六年生　竹とんぼ、竹馬、竹鉄砲、水鉄砲、ゴム銃（パチンコ）、こま、たこ、遊泳、耐久徒歩、騎馬戦、棒倒し、綱引きなど

このような野外伝承遊びは、今日では各地方とも衰退しきっていますが、社会人準備教育としては重要なことなので、小学校などに取り入れる場合、その指導は教職員がするのではなく、地域のできる人が特別講師になって、できることをすればよいのです。

人類は、遊びをする動物です。子どもたちが自然の中で群れ遊ぶのは、心身を一人前にするために必要な訓練なのです。それをしないで、言葉や文字、視聴覚機器などで生活の知恵や道理（道徳心）などを伝えることはできないのです。

私たちは、幼少年時代に遊んだことを、後に論理的に学ぶことによってその原理を発見し、納得するのです。そして、納得することによって他人に伝えたくなります。正しく、納得こそが伝承や活力、創造力を誘発する必要条件です。

これからの科学的文明社会における人づくりとしての少年教育には、学校における教科教育と同じように、教科書を使わない、生活文化習得に必要な野外文化教育としての野外伝承遊びなどが必要なのです。

5 教職員の資質としての生活文化

① 教員はまず社会人であろう

平成十九年六月に教員の免許法改正がなされ、十年ごとの更新が必要になりました。

平成二十年度から免許更新制度の予備講習が始まり、二十一年四月から本講習が始まりました。しかし、内容を見ると、更新制度の施行に振り回され、歴史的・社会的意義が弱く、形骸化していることが課題のようです。

いつの時代も社会は人により、人は教育により、教育は内容によりますが、その内容とは、よりよい社会人の育成です。だから学校教育も市場経済活動も、強いて言えば、よりよい社会を作る手段なのですので。

これからも人づくりに勤しむ教員に必要なことは、教員である前にまず人間、社会人であることです。

② 知識、技能は日進月歩

教員の指導力や人間力が弱いと言われがちであったがために始まった、教員免許更新講習は、講習の実施もさることながら、講習内容が教員の人間的資質向上を促すことが重要なのです。

更新制度導入の目的は、社会的教育目標の再確認と、教員自らに自覚を促すことであったはずです。それなら、講習の内容がかつて大学で学んだと同じような専門的知識や技能一点張りになっては、明治以後百年以上も続けてきた欧米諸国に追い付け追い越せ式の、単純な学力向上主義になってしまいます。

しかし今日の日本は、もうそのような時代でも社会状況でもなく、科学技術は世界の最先端を行く経済大国らしく、文明化に対応する教育政策に独自性があってしかるべきです。

私たち日本人は、これまでの人類が経験したことのない、豊かで平和な科学、技術文明社会に住んでいます。大人にとっては珍しい斬新な社会でありますが、パソコンや携帯づけになっているネット中毒的な子どもたちにとっては、ごく普通の日常的社会環境でしかないのです。間接情報や疑似体験によって育ってきた今日の子どもたちは、人間の大目的である楽しく元気に〝よりよく生きる〟ことすら具体的なあり方が分からないのです。だから社会にとって何が大切で何が必要なのかを客観的に判断することができ難いのです。

日常生活のあらゆることを習慣的に考えがちな子どもたちをよりよく社会化するには、教員が日進月歩の専門的な知識や技能をどのように身に付けていても、自信をもって指導することはできませんので、変わらない、変わり難い生活文化を身に付けておくことが大事なのです。

③ かわらない生活文化の習得

発展した豊かな科学、技術文明社会に生まれ育つ子どもたちを、よりよく社会化するために始まった教員免許更新制度の講習内容は、教員に社会人としての自覚と、公教育への意欲を取り戻させ、社会貢献としての教育に情熱をもたせ、自信を取り戻すきっかけをつかませることが大事なのです。

十年、二十年、三十年も前に大学を卒業した教員は、専門分野のキャリアアップを、それなりに努力、工夫しています。しかし、教員であるが故に〝同じ穴の狢〟的な世界で、生活者としてのあり方や楽しさを十分に知る機会と場が少ないので、生活文化に関心が弱くなっています。

社会環境の変化が激しいために、緊張や不安を抱えた今日の教員に必要なのは、専門的知識や技能を高める以上に、日常的な風習の再認識や、教育の社会的意義の再確認などによって、いつの時代にも社会生活に必要な生活文化を、教員の資質として身に付けることです。

④ よりよい社会人育成のために

世のため、人のためにという意識のない人に、いくら努力や工夫をしてよりよい教員たれと言っても詮無いことです。営利栄達のために頑張ることも必要ですが、それだけでは不安や不信が多く、よりよく生きることは長く続かないし、達成後に何が得られるのでしょうか。人間にとっての地位や名誉、貨幣の価値は、信頼できる社会あってのことです。
私たちの安全、安心、満足は、年金や保険だけでは得ることができません。類似の生活文化を身に付けたよりよい日本人社会によってこそ安全が保障されているのです。そして私たちは、社会を信じることによってこそ安心が保たれ、社会貢献によってこそ満足やゆとりや喜びが感じられるのです。そのよりよい社会人の基礎を培うのが教員なのです、
これからの科学的文明社会に対応する少年教育の内容は、単に受験や科学、技術立国のためだ

けよりも、教員がよりよい社会人を育成する公教育の目的を十分に理解し、教員の資質としての生活文化を身に付けて、生活者としての自覚と自信をもって教育現場に対応することが必要なのです。

三　自治体や地域社会による伝承

1　犯罪防止に必要な地域的集団活動

① 通じなくなった風習

三十数年前の東京の雑踏では、お互いが視線や仕草などで瞬時に判断し合い、ぶつかることはなく歩けました。

私はよく外国旅行をしますが、街頭でぶつかったり、身の振り方に迷うことがあります。それは瞬時に判断し合う方法を知らないために起こる、不安と戸惑いによるものです。

私たち日本人は、言葉だけではなく、類似する仕草や表情などで相手の行動や考えを瞬時に読み取る知恵をもっていましたが、今日では社会規範が緩み、そうした共通性や風習も無くなっています。その上、仲間で夢中に話し、携帯電話やスマートホンに気を取られる人が多く、顔はこちらを向いているのですが、見ていません。そうした人々が集う東京の雑踏では、まるで外国の地を歩いているように、ぶつかりそうになる人が多くなっています。

②利己的な犯罪の多発

二十数年前までは、世界で最も安全で平和な信頼社会日本と言われていましたが、今では治安が乱れ、金権主義者や犯罪者の多い不信社会になっています。

平成二十年七月に北海道で開催された洞爺湖サミットは、経済と環境、エネルギー、それに食料問題への対応が中心でした。これらは、多民族、多文化、多宗教の国々が金権主義に邁進し、まるで強盗や詐欺まがいの犯罪的経済活動によって起こった、結果的社会現象についての話し合いでした。

日本は世界の中では大変珍しい統合された国民国家で、教育施設が最も発展、充実した教育立国です。その教育の社会目的は、犯罪の少ない安定した社会を継続させることのはずだったのです。類似する生活文化を共有しているはずの日本で、欲しいから盗る、殺したいから殺す、金持ちになりたいから詐欺をするなど、大義が薄れて利己的な犯罪は後を絶ちません。日本が不信社会や犯罪社会と呼ばれるような国々と同じような社会現象を見せるのは、公教育の社会目的である国民化、社会化教育が十分になされていなかったからです。

③非行防止に必要な自己鍛練

非行とは、社会規範から外れた行いのことですが、これまでの日本の教育は、個人の幸福を最高とし、自由、平等、権利を主張させてきました。しかし、社会に必要な義務や競争、規範についてはあまり重視してきませんでした。そのため、社会規範を守るに重要な協調性や忍耐力などの社会性に欠ける人が多くなっています。

少年教育にとって重要なことは、心身を鍛え培う〝鍛練〟です。鍛練とは金属を打ち鍛える意味ですが、教育的には修養、訓練を積んで体力、精神力を鍛えたり技術を磨いたりして、困難に打ち克つ力をつけることです。

日本には古くから、各地方に〝自己鍛練〟があり、近代的な学校教育以前から地域社会の青少年教育に活用されていました。そのため、青少年は自らを鍛え、律することによって体力や精神力を培い、地域社会における一人前の元気な社会人に成長できるように努力、工夫をしていました。

ところが、昭和五十年代に入り、物が豊かになり、合理化、機械化が進むに従って、自己鍛練が薄れ、平成十年ごろには意識されなくなり、インターネット時代の今日では死語化し、すでに二十代の若い日本人に理解できない日本語となっています。その傾向と並行して「頑張らなくていい」、「ありのままでいい」などと言われ、青少年の心身が弱くなり、非行や犯罪が多発するようになったのです。

いつの時代にも青少年の非行や犯罪防止に最も重要なことは、心と体を逞しく鍛え、忍耐力、体力を培い、社会性、人間性を豊かにする自己鍛練の機会と場を与えることです。

青少年交友協会が昭和四十四年以来開催しています〝かち歩き大会〟は、長い距離を飲まず食わずで歩く、自己鍛練としての集団的な体験活動なのですが、今日では青少年に敬遠されがちになっています。

④ 社会化を促す地域的集団活動

私たちの住む社会から犯罪を少なくするには、権力や法律で規制するよりも、少年期に地域社会でいろいろな集団活動を通じて社会化を促すことが最善です。

ここでの社会化とは、社会生活に必要な言葉、風習、道徳心、食物などの生活文化の共有を促すことです。

少年が成長するには、間接情報や理屈で知識や技能を身に付けさせることも重要ですが、地域社会における異年齢集団の現場で他と共に行動し、感じ、考え、納得させる集団活動も必要です。そしてより健康で、よりよい元気な社会人に成長させるには二人以上で遊びや自然体験、生活体験、耐久運動などの集団的な体験活動の機会と場を与えてやることです。

しかし、体験活動は少年教育の手段であって目的ではありません。その目的は、一人前の社会人に成長させるに必要な、好奇心、行動、思考、理解、納得（感動）、使命感などの心理作用を起こさせることなのです。

何より、地域社会は、祭りや年中行事、奉仕活動などの集団活動を通じて生活文化を伝え、地域の後継者を育成する努力をしていたのです。しかし今では、そうした事業が単なるイベントになっています。

私たちが、犯罪の少ない社会で、安心・安全によりよく生活するためには、地域社会で少年期の子どもたちにいろいろな集団的体験活動を通じて、生活文化を共有する社会化を促し、地域社会のよりよい後継者を育成することが最も重要なのです。

2 少年期は全てが予防対応

① いじめ・非行などはなくならない

人間が社会的動物である限り、諍いや不和は起こり得るものです。ましてや未熟な子どもの世界では、いじめやけんか、そして非行などは起こり得ることです。

だからこそ、学校教育も社会教育も、それらを未然に防いで、よりよい元気な社会人を育成する予防対応とし必要なのです。

未熟な少年期の子どもは、動物的本能に従って利己的になり、集団になるとどうしても誤解や不快感から、いじめやけんか、それに未熟故の同調し難い反抗心から非行に走りやすいのです。

しかし、子どもの心理的状態のままで大人になりますと、より安全で平和な、安定した社会を営むことができませんので、自治体や地域社会において知恵のある大人が、予防的に協力・協調や利他的な心を培い育む、少年教育の仕掛けが必要なのです。

一般的には、少年期の子どもの単純ないじめや非行は、よりよい社会的大人になるための登竜門でもありますので、それらの体験をせずに成長すると、守られる立場のひ弱な社会人になりがちです。

② 結果対応では効果は弱い

少年期の子どもの世界では、いじめや非行が起こりがちであることを知っている自治体や地域社会の大人は、少年期の子どもたちに少しでも利他的精神を培わせるために、いろいろな機会と場を与えてきました。それは、信頼社会であった日本では、家庭や地域社会で行われてきた集団活動による、社会人準備教育としての他を見習う、見習い体験的学習活動でした。

日本のような信頼社会では人間の絆や信頼心が強く、起こる前の予防的対応が重視されますが、欧米や中国などのような多民族・多文化の不信社会では、共通性が少なく、絆や信頼心が弱いので、起こった結果に対応する策が重要で、社会的な予防的対応策が取り難いのです。

欧米的な価値観に同調しがちな今日の日本では、いじめや非行、自殺、登校拒否、そして今問題になっているネット中毒などに負けないようにする予防的対応策よりも、起こっている結果に座学的知識によって対応しがちで、効果は弱く、戸惑いを感じやすいのです。

本来の日本は予防対応的で地域社会の大人の知恵が活用されてきましたが、今日では地域をよく知らない学者の調査などによる、結果対応の座学的な理論が優先し、子どもが王子・王女になりがちで、大人になるための準備教育がなされていません。

③ 今も必要な地域の大人の知恵

社会が発展するための知識・技能などの情報文明は、日進月歩で止まることを知りませんが、日常生活を安心・安全に暮らすために必要な生活文化は、急に変わるものではありません。

いつの時代にも必要な社会人準備教育は、大人が日常的に親しんでいる生活態度や価値観を伝えることです。その方法の一つとして古代から行われてきたのが、生活現場での「見習い体験的学習活動」です。

子どもが一人前になると親になり、親が一人前になると祖父母になると言われていますが、生活文化の伝承は隔世伝承で、祖父母から孫の世代へ伝承されがちです。

戦後の日本は核家族化し、祖父母と孫の世代が断絶しがちで、日本の生活文化が伝承されなくなっています。親は単なる知識や技術は伝えられても、生活文化を伝えるだけの知恵がまだ十分備わってはいないのです。

今日の子どもたちは、言葉や活字、視聴覚機器などによる知識の伝達をされているだけなので、地域社会の生活文化を体験的に身に付けることができず、なかなか大人になれない状態にあります。

そこで、これからも、地域社会が安定・継続するためには、座学的知識よりも、何十年も現場で生き続けてきた大人、特に老人の知恵としての言行動が必要なのです。何より、地域の子どもは、地域の人々が皆で育てることが最善の策です。

④予防対応としての自己鍛練

人間本来の「教育」とは、人間性を豊かに培って、生活と労働の準備をすることであり、社会生活を楽しく元気に過ごせる社会人を育てることです。

その方法として、日本では古くから見習い体験的学習活動や自己鍛練法などがありました。ここでの「自己鍛練」とは、日本の人間教育的用語で、心身を鍛練して人間性を豊かに培い、自分自身を高めることです。これは欧米のキリスト教文化圏ではあまり重視されていないことで、日本の特徴的文化でもあります。

社会人準備教育としての少年教育の基本は、いつでもどこでも予防対応が重要で、社会的無責任が作りだす結果対応になってはいけないのです。

いつの時代にも起こり得る子どもたちのいじめや非行などが、陰湿にならないようにする予防対応策は、少年期に長期的集団活動のできる見習い体験的学習活動や自己鍛練の機会と場を与えてやることですが、その一例として自炊などによる共同宿泊生活としての「生活体験」をさせることが最も効果的です。

3　社会人六〇パーセントの活力向上

①平和ボケで主体性が弱い

戦後の日本は、経済活動や福祉を第一に考え、国威の高揚や国が偉大であるよりも、個人の自由や幸福を目指してきました。しかも、自国の安全保障を武力よりも国際法や規則などに頼り、主体性の弱い国際化を目標としたのです。

しかし、国家の自立のない国際化は成立し難く、個人の自由や幸福は物や金銭だけでは続きません。自由や幸福、平和な時代が半世紀以上も続けば、何が自由で、何が幸福なのか判断がつかなくなり、多くの人が平和ボケして、不満や不安を感じるようになります。

今日の若者は、〝生きる力〟としての主体性や意欲、思考力、コミュニケーション能力などや、

〝感じる心〟が弱いとされていますが、平和で満たされた社会に生まれ育つ人間は、教育や訓練をされない限り、そうなるのは当たり前のことです。

②生きる力を身に付けない子どもたち

人間は生まれながらに文化を身に付けた動物ではありません。文化は、現代の子どもたちが生まれる以前からありますが、遺伝するものではないので、生後に見習うか、教えられない限り身に付きません。

世界に例がないほど、平和で豊かな、しかも個人の自由や権利・欲望などが満たされがちで、その上、合理的・科学的社会である日本で、生まれ育っている子どもたちが、〝生きる力〟や〝感じる心〟、それに〝道徳心〟などが弱いとされるのは、大人の社会的義務と責任が果たされていなかったからです。

その大人が、豊かで活力ある科学的文明社会を安定・継続させるために、今、子どもたちに何を、どうしてやればよいのかを考えて、社会的に行動しない限り、子どもたちの多くは、自ら生活文化を習得し、生きる力を身に付けたよりよい社会人になろうとはしません。

③六〇パーセントに必要な教育

人類は長い歴史をもっていますが、自然の状態ではよりよく生き、よりよい社会人になろうとする人は少ないのです。いつの時代にも約二〇パーセントの人々は、自主的に行動し、考えることができますが、大半の約六〇パーセントの人々は、誰かに教わり導かれない限り、よりよく元気に生きようとはしないし、物事に納得することもできないのです。後の約二〇パーセントの人々は、何らかの形で誰かの保護や支援が必要なのです。

よりよい社会人を育成する教育のあり方は、古代から様々な形で続けられてきました社会人準備教育、現代的に表現すれば、〝青少年教育〟のことです。

オランダの歴史家〝ヨハン・ホイジンガ〟は、〝ホモ・ルーデンス（遊ぶ人）〟という、有名な著書の巻頭に、〝遊びは文化より古い〟と書いています。

人類は、文化を身に付ける前から、地域社会で住む子ども時代に、近くの誰かを見習ったり、他と共に遊ぶことによって、社会人になる準備をし、生きるに必要な知恵、力を徐々に身に付けてきたのです。しかし、古代からよりよい社会人として人生を全うできるのは、約二〇パーセントでしかなかったので、いつの時代にも社会人準備教育で最も注意しなければならないのは、大半である約六〇パーセントの子どもたちの資質の向上を促すことです。

④日本を活気づける社会人準備教育

数万年の歴史をもつ人類の社会的遺産である生活文化を、次の世代に伝えるためには、近代的な言葉や活字、視聴覚機器などによる方法だけではなく、文化以前からあったとされる〝遊び〟などを通して見習う、見覚える体験的学習活動、すなわち野外文化教育としての〝体験活動〟の機会と場が重要なのです。

人は生まれた後に、誰でもよりよい社会人になるための学習や教育される機会と場が与えられなければなりません。本来は、社会人準備教育である見習い体験的学習活動の機会と場が、家庭や地域社会に日常的にありました。しかし、今では地域社会にそのような社会人育成としての教育機能はなくなっています。

それでは学校はどうかと言えば、生きる力や感じる心、それに道徳心などは、社会の生活現場に必要なものであって、教育や学問のためにあるのではないので、言葉や活字、視聴覚機器などによって教え、伝えられてもなかなか身に付かないし、実践し難いのです。

今日の日本は、座学的な知識を身に付けて、地域社会の生活現場を知らない人が多く、活力が弱くなり、価値観が定まらない不透明な時代に突入しています。活力のある日本にするには、まず、祭りや年中行事、奉仕活動など地域社会の活動や生活の現場で、見習い体験的学習活動による体験知を通して人間力を培う、よりよい元気な日本人を育成する社会人準備教育（青少年教育）によるしかないのです。

4　都市文明に対応する地域としての「田舎」

もう二十数年来、関東地方、特に東京都内に「田舎」を作る場所を探し求めています。

適当な場所が見つからないまま歳月が流れ、少年期の子どもたちが社会問題を起こす度に、針のむしろに座らされている思いに駆られます。平成九年からは一層せきたてられるような気持ちで探しています。

ここに求めている「田舎」とは、田畑や川・水場、そして簡易宿泊所と自炊場があり、人々の素朴な生活の営みが体験でき、見られる施設、場所なのです。

東京には田舎がありません。素朴な生活の匂いのする風景もありません。気軽に声を掛け合う雰囲気や微笑ましい話題も無いのです。いや、これは、すでに都市文明化している日本国中至る所に共通して言える現象かもしれません。

科学文明の虜となった大人たちは、「生きる力」の重要性、「感動する心」の必要性を叫び、今の子どもたちは自然や遊び、生活の仕方などを知らないと言います。しかし、いつの時代も「親の心、子知らず」で、子どもたちにとっては、そんなことはどうでもよいことなのです。少年期の子どもたちは、二、三十年後によりよい社会人や親になることなど自覚してはいないのです。

学校と言う教育制度は、普通の親や大人が教えられない、知識や技能を身に付けさせるためにできました。しかし、生きる力や感じる心を、教室において言葉や活字、視聴覚機器などで育むことは困難なのです。それらは、古代から変わることなく、家庭や地域社会の生活の現場で見覚え、見習い、感じて知り、身に付くことなのです。

ところが、科学的文明社会で生まれ、育つ子どもたちは、幼少のころから家庭や地域社会における生活の現場で見覚えたり、見習ったり、感じたりする機会と場に恵まれてはいません。その反面、テレビやインターネットなどで多くの情報を得、学校でより多くの近代的な知識や技能をどんどん教わります。それは進級や進学、就職に必要なことや娯楽のためになることが多いので、少年期の発達段階において人間的、社会的にアンバランスになりがちなのです。

大人にとっては都合のよい、合理的な文明の利器は、子どもたちの人間的機能の発達を妨げていることになります。明暗や寒暖、快不快や便不便などを具体的に体験しないまま育ちますと、人は応用力や活力の乏しいひ弱な守られる立場の動物になります。

子どもたちは、高度に発展した科学的文明社会に住む今、さまざまな形で人間としての本質的あり方に不安を感じ、助けを求めています。近代的都市文明に溺れて喘いでいる、ひ弱で不安な子どもたちの叫びが、いじめや暴力、非行、薬物濫用、窃盗、登校拒否などの非社会的現象となって現れているのです。

今、日本国にとって、最も重要なことは、科学的文明社会に閉じ込められている子どもたちを、より早く救いだして野に放ってやることです。

この日本を再構築するには、少々時間を要しても、今日の青少年の活力や創造力が育つのを待つしかありません。そのためには、地域社会が早急に、親子でまたは異年齢の子どもたちが、二泊三日以上の滞在型生活体験ができる施設「田舎（交友の村）」を作ることです。少年期の子どもたちが、心と体を育てる素朴な野外での遊びや生活体験こそ、活力や創造力を豊かに培う秘訣です。

よく群れ遊ぶ元気な子どもは、健康で元気な大人になります。そのためにも、今日の子どもたちには生きる力を体験的に身に付けられる田舎が必要です。私たちが幼少年時代に体験した、素朴な遊びや大人の生活を見習うことが今の子どもにも必要なのです。立派な教育論や合理的な知識教育だけで、元気で明るい日本人を育てることはできません。

科学的文明社会の日常生活で、少年期の子どもたちが、生きる力を培ういろいろな体験ができないとするならば、公の金と時間をかけてでも、子どもたちが見覚え、感じることができ、体験を通じて人間としての生きざまを知ることのできる、機会と場としての「田舎」が必要なのです。その思いに駆られ、まず見本として、関東地方、特に東京都内に「田舎」を作る場所を探し求めているのです。

これまでの日本人は、どこかに見本があって見習うことは得意でしたが、見本のないことを実行することを好みませんでした。しかし、これからは、あえて冒険をし、科学的文明社会における少年教育のあり方として、世界の手本となるような意欲や努力、工夫が必要です。とは言っても、理想的な「田舎」を東京都内に早急に作ることは困難なので、とりあえず、その活動内容の見本として、都内の夏休み中の学校を利用して、小学五年生から中学三年生までの男女四十名を集めて、六泊七日の素朴な自炊生活である「生活体験学校」を毎年開催しているのです。

近代的な文明社会は、私たち大人が生活するには都合がよいのですが、子どもたちがよりよい社会人に育つ上にはよい条件とは言えません。いつの時代にも子どもたちの成長過程に必要なことは、自然と共に生きる仲間との素朴な生活体験です。そのことを承知している世の知恵者たちが、これからの都市文明に対応する知恵として、地域社会の人々と共に青少年教育に必要な「田舎（交友の村）」を作為的に作ることが求められているのです。

Ⅳ

これからの国家的青少年教育の知恵

一　日本の安定、継続に必要な対応策

1　守る立場の人づくり

①　社会目的の見えない大綱

政府は、平成十五年十二月「青少年育成施策大綱」を決定し、平成十六年一月、その内容を全国に配布しました。

大綱の重点課題は、次のようです。

イ、青少年の社会的な自立を支援する

ロ、社会に適応することが困難な青少年を特別に支援する

ハ、積極的、能動的な側面をもつ新たな青少年観に転換する

ニ、率直に語り合える社会風土をつくる

しかし、この大綱には社会をよりよく安定、継続させるために行う青少年育成の社会目的と内容が見えてきません。青少年の目線に合わせようと努力してはいますが、社会を愛し、大人を見習う念を抱かせるような、社会的リードが弱く、隣人を愛し、守る社会的義務と責任の重要性が感じられないのです。

憲法十三条に、全て国民は、個人として尊重される。とあるせいか、よりよい社会人（一人

前）となるための社会化ではなく、個人としての青少年を育成することで終わっています。それは、国家として自主独立の守る立場ではなく、アメリカが仕組んだ、守られる立場での主張と同じなのです。

②戦後の守られる側から守る側へ

私は、昭和四十三（一九六八）年から今日まで、日本の社会を安定・継続させるための青少年育成活動に携わってきました。当時十代であった子どもは、すでに四十、五十代の大人であり、親になっています。

彼らは、戦後の日本政府が行ってきた、守られる側の青少年育成施策によって教育されてきた具体的な見本です。もし、今日の三十〜五十代の日本人が、よりよい社会人に成長しているならば、これまでの戦後教育施策は社会的に正しかったことになります。しかし、その世代の子である現代の青少年に様々な社会的、人間的問題が起こっている事実からすると、全てが良策であったとは言えないようです。

ところが、今回の大綱は、三十数年前と同じように、若い力、若者の目に同調する傾向が強い上に、国際化時代に生きる厳しさや主張がなく、木を見て森を見ない個人尊重主義の非社会化であり、結果対応の場当たり的傾向が強いのです。

これからの国際化する科学的文明社会に対応するために、守られる側の個人尊重施策を作るだけではなく、社会を守り、安定・継続させるために少々の社会的犠牲を払う、自主独立の用意をせねばならない時を迎えています。

③ 公的側面の社会化教育

青少年育成または教育の最大目的は、社会のよりよい後継者を育成し、安定と継続を図ることであり、私的側面と公的側面があります。戦後の日本政府は、アメリカ合衆国の庇護の下に、翻訳知識による守られる側の私的側面には気を使い、伝統文化による守る側の公的側面はなおざりにしがちでした。

青少年、特に少年教育の基本は、公的側面の強い社会化（言語・道徳心・生活力など）教育であり、社会意識を向上させ、生活文化を共有できるように支援しないと、学力や人間力をも高めることはできないのです。

社会は人により、人は教育によりますが、教育はやさしさや楽しさだけではなく、厳しさと忍耐や継続が必要です。さもないとひ弱な非社会的な人を育てることになります。

一万数千年の文化的歴史をもつ人類は、いかなる時代にも変えてはいけない、変わらないであろう文化を継承して今日に至っています。社会に共通する生活文化を自信と誇りをもって伝承するのが社会的大人の義務と責任であり、それを受け継いで時代と共に改革・改善していくのが青少年の使命です。そして、われわれ人類は、社会的栄辱を抜きにして向上心を煽ることはできないのです。

④ 少年教育の基本的内容

科学の力は、人間の生き方や考え方、社会の基本的あり方まで変えましたが、人間の本質を変えたわけではありません。もしも、科学技術が人間の本質を変えるようになっては、人間は科学技術（ロボット）に負けたことになり、少年教育は必要でなくなります。特に少年期の本質は今も昔と変わっていないのです。科学的文明社会に対応する少年期の教育の基本は、やはり人間の本質的あり方をしっかり培うことです。

青少年期で最も重要な六〜十五歳の少年期は、心身共に変化が激しく、人格形成の基礎をなす時なので、前にも記しましたが、六〜十歳の前半期と、十一〜十五歳の後半期に分け、習得さすべき主な内容を具体的にすると次のようになります。

イ、前半期（六〜十歳）

安全・衛生などの概念、自立心、身体によい物をよく食べる習慣、野外でよく遊ぶ習慣、よく眠る習慣、防衛体力など。

ロ、後半期（十一〜十五歳）

情緒・情操などの心、自然体験や生活体験などの共同生活に必要な心得（社会性）、忍耐力・行動体力など。

前半期は、心身の基礎を培う育成的要素が強く、後半期は心身の機能を向上させる訓練的・教育的要素が強いのです。勿論、近代的学校教育においても傾向的には同じ理念です。

このような社会の後継者としての人づくり（人材育成）は、これまでの知恵者たちが社会の安定と継続を願い、幾世代も重ねて予防療法的に為してきた、守る側の社会化教育が基本です。日本の安定・継続に対応する政府は、戦後の守られる立場の教育から脱却して、これからの国際化する科学的文明社会に対応する、守る立場の青少年育成施策、すなわち人材育成である〝人づくり〟が必要になっています。

2 よりよく生きる生活力の育成

① 社会の後継者づくり

戦後五十数年間、青少年教育とか青少年健全育成が声高に叫ばれ続けてきましたが、今日の日本人社会は混沌たる状態で、衰退しかけています。

その原因は、公的教育の目的である「社会の後継者づくり」が抜け落ち、手段である学校教育が目的化し、個人の能力を高めることに終始したからだと思われます。

国公立の少年自然の家、青年の家は、昭和三十五年以後、全国に五百数十もできています。そのうち、少年自然の家は二百余りで国立だけでも十四あります。これらの施設が、欧米型のスポーツや野外レクリエーションを中心的に推進してきましたので、社会の後継者づくりにはあまり役立ってはいなかったのです。

社会の全ては人によりますので、政治の基本は少年教育です。今の日本の改革は、社会の後継者づくりとしての少年教育から始めることです。その役割を果たす内容が生活文化を伝える生活体験を中心とする、見習い体験的学習活動なのです。

②少年教育と見習い体験的学習活動

少年教育には青年も壮年も老人も必要で、異年齢の人たちの共通体験によって、少年たちが見覚える、見習う機会と場を作ってやるのが最善です。それは、いつの時代にも生活体験、自然体験、労働体験、集団活動体験・野外の遊びなどによる喜怒哀楽体験など、ごく当たり前の見習い体験的学習活動のことです。

ところが、平成十三年一月六日の省庁再編によって、文部省から文部科学省となった教育の中枢機関には、これまで社会教育局（現在生涯学習局）にあった「青少年教育課」をなくして、約百三十年も続いた日本文化としての「体育局」の代わりにできた、スポーツ・青少年局の中に「青少年課」が設置されました。

社会教育局の代わりにできた生涯学習局から青少年教育課をなくして何が生涯学習なのでしょうか。それに、教育を抜いて「青少年課」にしたのは、社会の後継者を育成する目的を弱くしたともとれます。特に日本では体育の一部でしかなかったスポーツと青少年を同列にしたことは、スポーツ振興にはよいでしょうが、社会の後継者づくりとしての青少年教育にはあまりよいことではありません。スポーツによって社会の後継者を育成することは至難です。欧米のスポーツは、地域社会のクラブ制によるもので、大衆が見て楽しむプロ的スポーツで、職業の一種なのです。ところが、日本では学校体育として、青少年期の子どもたちが心身を培う手段として行うものので、誰でも出来るアマチュア的スポーツであったのです。

六～十歳頃までの少年前半期には、時間や技を競う画一的なスポーツよりも地域性のある遊びや祭り、年中行事、生活体験、自然体験などのような見習い体験的学習活動の機械と場が重要なのです。

文部科学省に日本独自の「体育局」をなくして、スポーツ・青少年局にしたことは、このようなことを無視した、職業的スポーツを振興する教育政策の結果的現象で、日本の安定・継続に必要な青少年教育に対応する政治の貧困を象徴しています。

③ よりよい人間的状態の育成

よりよい人間的状態には、健康な肉体と健全な精神が必要です。健康な肉体、肉体の安全を維持するためには、身体によい食物と適度な運動、スポーツが必要です。健全な精神、心の安全を保つためには社会と自然が必要です。

私たちは肉体の安全についてはよく学びますので、スポーツの重要性については知っています。しかし、これまでは心の安全を保つことについては案外無頓着で、社会の重要性や自然とのかかわりである生活文化についてあまり知ろうとはしませんでした。が、これからの科学的文明社会では、心の安全を保つための知恵が必要です。

そこで、国公立の少年自然の家は、家庭や地域社会に代わって、少年たちが心の安全を保つに必要な知恵を培い、よりよい元気な社会人になるために必要な、生活文化を伝えて強い精神力を育成する機会と場になることが望まれているのです。

国公立少年自然の家の活動目的が、「よりよい健康的社会人の育成」であることを忘れて、野外レクリエーションを中心にした活動や、施設利用をさせるだけでは、これからも社会的存在価値を高めることはできません。

④ 生活力の向上のために

これからの科学的文明社会での少年期の教育とは、学校での教科書を使う教科教育と、教科書を使わない見習い体験的学習を中心とする伝統的教育をも意味することが必要になっています。

学校教育では、地域の人が知らないこと、新しいことを中心に教えますが、伝統的な見習い体験的学習では地域の人たちが知っている当たり前のことを見習うことです。いつの時代でも社会の安定・継続を保つためには、自然と共に生きてきた人類の英知である生活文化を伝承して、各自の生活力を高めることです。

ここで言う生活力とは、衣食住や伝統行事などに関する能力のことで、その地域で広く行われている生活上の様々な慣わしや仕来りのことであり、風習のことでもあります。その土地でいつも行われている衣食住の仕方、あり方としての風習的生活力は、少年期に体験的に身に付けていないと、なかなかなじめないのです。

子どもの本質は不変で、変わっているのは社会現象に迎合する外見や行動様式だけです。今日の日本人には、少年期に土着化教育が為されなかったため、社会人になるための社会化、文化化が遅れて、生活力を備えた大人になろうとしない人が多くなっています。

これは、親や大人が子どもの心身に潜在する機能の開発を忘れ、生活文化の伝承を怠ってきたからでもあります。

これからの精神的、心の保障が得られる、生活力を高める役割を果たすための国公立少年自然の家は、日本人が培ってきた生活文化を少年期の子どもたちに伝え、教える機会と場になることです。

3　生活習慣としての生活文化の伝承

①　社会的目標のない教育政策

日本の教育政策には、教育的目標はありますが社会的目標がなく、社会情勢や国際情勢によって変わりやすいのです。

社会を営むには、変えてはいけない、変わらないであろう、変わるであろう、変えなければならない四つの対応の仕方があり、社会情勢は、教育による取り組み方によって変わります。

戦後の日本の教育政策は、変えなければならないという発展的文明化のあり方によるもので、社会の安定・継続に必要な、変えてはいけない、変わらないであろう共通文化の認識に欠けていました。そのため、今日の日本人には安心感のもてない人が多くなっているのです。

自省による修正もなく、社会的目標のない教育が半世紀以上も続き、中教審はまたもや学力低下問題を取り上げ、学習指導要領の見直しが進んでいます。しかし、今日の社会にとって重要なのは、人間力向上です。

もう二十年ほども前から学力低下が叫ばれているのですが、一向によくなりません。その根本的原因は、社会にとって最も重要な共通文化、例えば、言葉、風習、道徳心などの伝承または教育が、効果的になされていないことによるものです。

生活文化の伝承は、言葉や文字、視聴覚機器などによるよりも、少年期の集団的な共通体験による方が効果的なのです。

② 教育の手段と方法

社会を営む人類は、古代より社会の安定、継続を願って、家庭教育や地域社会で教育をしてきました。その方法として、見習い体験的学習活動、すなわち体験活動があり、それを補うために言葉や文字が必要であったのです。

明治五年に導入された近代的学校教育は、欧米先進国に追い付き、追い越すための新しい知識や技能を教え、国を文明化し、発展させるためでした。だから、学校教育は国を発展させるための手段であり、教科教育は、その具体的な方法であったのです。そして、その社会的目標は、導入から約五十年後には見事に達成されて大正ロマン時代と呼ばれるほどに成功しましたが、約七十年後の第二次世界大戦によって挫折しました。

戦後の日本の教育は、よりよい労働戦士を育成し、常に変えなければならない発展主義を邁進させてきました。そこには、社会意識の向上を促す教育目標はなく、利己的な教育理念が強くなり、教育の手段や方法のみが改善されて、知識偏重の学力重視が一層強くなりました。

③学力は人間力の一部

学校における教科教育は、教育の手段であって、目的ではないのです。教科教育の具体的内容の理解度を〝学力〟と呼んでいるのですが、その基本は、言葉による理解度のことです。学力低下とは、物事を理解し表現するに最も重要な、言語能力、すなわち日本語力の低下を意味しています。

社会人に必要な共通文化として、人間性と社会性があります。人間性とは、正直、親切、忍耐、信頼、活力などの個人的特性や内容であり、社会性とは、風俗、習慣、道徳心、言葉、安全や衛生など、個人の社会的あり方のことです。

社会人に必要な共通文化を〝人間力〟としているのですが、野外文化教育学的には、その具体的内容を、言語能力、道徳心、愛情、生活力、心、精神力、体力など七つの要素としています。

学校の教科教育における言葉や文字を中心とする学力は、社会人に必要な人間力の一部でしかなく、長い人生をよりよく元気に生き抜く力としては不十分です。

④人間力としての生活文化の伝承

国の責任の下に行う公教育（小・中学校）の目的は、社会の安定・継続に必要な人間力の基礎を培って、社会のよりよい後継者を育成することです。しかし、日本政府は、その社会的目標を未だにはっきりさせていません。そして学力重視の教育政策に固執しています。

半世紀以上も社会的目標のない、知識偏重の教科教育を続けてきた教育政策がニートと呼ばれる、経済的・精神的に自立できない、しようとしない、社会意識の弱い若者を育ててきました。それだけではなく、人間性や社会性に欠けた生活力の弱い人を育成し、今日の日本は社会の危機的状態にあります。

科学技術の発展した情報化社会は、これまでのような時間や空間が意味をもたなくなって、心理的ストレスが強くなり、精神状態の不安定な子どもたちや大人が多くなっています。

これからの科学的文明社会に対応する少年教育にとって最も重要なことは、ごく初歩的な寝る、食べる、活動する、社会や自然と調和する、感情をコントロールできることなどの、社会生活に必要な生活習慣としての生活文化を伝承することです。

そのためには、これからの公教育の社会目的は、知識を詰め込むと同様に、いろいろな体験活動を通じて、言語力、活力、創造力、忍耐力、判断力、行動力などや、社会意識を培って、人間力向上を促すことです。

４　人間力の向上

①　財政論と教育論の対立

財政困難な政府は、三位一体の改革によって、地方分権による〝税と補助金と年金〟の見直しを推進しています。それを受けて、全国知事会議は、平成十六年八月十九日、義務教育費国庫負担金二兆五千億円のうち中学校分八千五百億円の廃止を三分の二の多数決による採決をしました。

一方、文科省や教育関係者は、国が果たすべき役割としての教育のあり方や、義務教育の改革によって義務教育費廃止反対を強調しています。

義務教育費廃止賛成派は財政論に、反対派は教育論に偏り過ぎ、日本国のあり方としての社会論、人間論が見えてきません。

まずは、国の方針、展望、姿、形によって教育を論ずべきですが、社会的目標がはっきりしていないので、財政論と教育論による理論闘争だけが花火のごとく打ち上げられています。

②「公」教育としての義務教育

義務教育は、国家の責任によるもので、教育行政の中立化によって為されるものではないはずですが、日本国の姿・形がはっきりしないので、日本人の多くが、日本国衰退を憂うよりも、地方自治の活性化を望み、教育が財政中心に考えられているのです。

木を見て森を見ないで、しかもその木をどこの大地にでも移植できると思っている無国籍論者が多くなっていますが、地方分権は、太平洋戦争終結後の米国が、弱い日本のあり方として臨んだ分散政策の一つであったのです。それを金科玉条とする人々は、独立国日本としての自負心に欠けています。

地域社会に合った教育は重要ですが、日本人としての文化的共通性を失えば、日本人社会は徐々に衰退します。「公」教育としての義務教育は、国の財源によって保障され、しかも地域に密着すべきものですが、義務教育としての地方化と分権は別問題です。

日本人社会を安定・継続させるに必要な文化的共通性を強いることは、国家の義務と責任であり、地域住民の育成は、地域社会の義務と責任です。

多民族、多文化、多宗教の米国は、一九六〇年代から「公」教育の行き詰まり現象がみられました。やがて脱公立学校運動がおこり、一九八〇年代から全米に〝フリースクール〟や〝チャータースクール〟と呼ばれる市民主体の学校が設置され始めました。しかし、社会に共通性の少ない独自の学校はなかなかうまくいかず、やがて公立学校に逆戻りしました。

米国に遅れること約二十年、歴史と伝統があり、単一民族に近い日本国に〝コミュニティスクール〟という市民主体の学校教育が始まりました。これは、翻訳学者たちの尻馬に乗って多民族社会アメリカに右へ倣えをし、社会的目標を失った公教育の退廃であり、日本国の衰退を象徴しています。しかし、生活文化の共通する統合された日本は、社会的には多文化主義のアメリカよりもはるかに安定、安心感があり、義務教育のレベルが高いのです。

③ 人間の社会的あり方

社会における人間のあり方は不平等ですが、生命の尊厳は平等です。

社会の人間的あり方を上中下の三層に見做すことは、先にも述べましたが、古代も今も変わっていません。上層の二〇パーセントは、社会に主体的に対応できる人々、中層の六〇パーセントは、他の協力・支援によって受動的に対応できる人々、下層の二〇パーセントは対応することが困難で、他に守られる必要のある人々です。

いつの時代にも上層の二〇パーセントは自己教育力が強く、善悪に拘らず、社会的影響力が強かったのです。しかし、多数決による民主主義社会においては、数が最も大きな力をもつので、中層六〇パーセントの人々の社会的あり方が重要です。

今日の公教育の最も重要なことは、数の多い中間層の人々の資質向上を促し、よりよい社会人に育てることです。この時、上層の人々の啓発力・指導力が必要ですが、現代の日本では上層と中層の区別がなくなっていますので、指導的立場の人が育たなくなっています。

下層の人々の資質向上を促すことも必要ですが、守る側の人々に、文化の共通性による社会意識をもたせない限り、社会は安定・継続しません。地方分権の名の下に、地方が独自の教育をすれば、社会を守る人々の資質の低下と文化の共通性が弱くなるのです。

④ 教育政策としての人間力向上

社会は人により、人は教育によるので、国家にとって最も重要な政策は教育です。その教育に必要なことは、人間の社会的あり方を示し、社会意識を向上させて、自己教育力を高めることです。特に民主主義社会では、中層六〇パーセントの質を高めることが重要なのです。

人は、知識や技能だけで向上心を煽ることはできませんので、いつの時代でも社会の栄辱を知らしめて、自ら努力・工夫させることによって人間力を高めさせるような教育政策が重要です。

ここでの人間力とは、野外文化教育学的見地から次のような七つの内容から成り立ちます。イ、言語能力、ロ、道徳心、ハ、愛情、ニ、生活力、ホ、情緒、情操の心、ヘ、体力、ト、精神力、などを総合したもので、人間力はこれらを身に付ける度合いによって変わります。

そのためには、義務教育期間の少年期に、間接情報や理屈で知識や技能を身に付けさせると同様に、異年齢集団の生活現場で、他と共に行動し、感じ、考えることのできる見習い体験的学習活動の機会と場が必要なのです。

日本は、これからますます国際化しますが、国際化にとって重要なことは、各国の社会的安定・継続です。私たち個々にとっては、各自が寄りて立つ国がなければ、国際化はないのです。

今、日本国に最も必要なことは、財政論による学校教育制度改革または教育技術の改善ではなく、社会の安定・継続に必要な人間力を高め、大義を重んじて社会に尽くせる人物を養成する、社会人準備教育の政策であり実践です。

5　安定、継続に必要な教育理念

①　道に迷った日本

羊は近視眼で、目の前の草をはむことに夢中になり、右往左往しながら群れを為します。だから人間にとって最も扱いやすい家畜ですが、草を求めて移動させるのが難題で、自らは草を求めて移動しようとはせず、放置すると回りの草を全部食いつぶしてしまいます。そこで、遠くを見て直進することのできる山羊を混入しておきますと、羊たちは山羊に従って列をなして進むのです。

日本は、この半世紀もの間、アメリカの庇護と指導の下に、科学技術を発展させ、物が豊かで平和な経済大国になりました。しかし、教育理念をなくした日本人は、価値観の多様化と規範や道徳心の低下で、社会的不安を来して道に迷っているのです。

多民族、多文化、多宗教のアメリカは、軍事的、経済的には迷わず前進していますが、社会的には法規制をいかに強くしても治安は乱れ、不安が絶えません。

日本は、経済活動においてはアメリカに従い見習ってもよいですが、初中等教育や犯罪の多い社会のあり方は見本とすべきではないのです。しかし、アメリカ的に規範や道徳心が地に落ちて、犯罪が多発している今日の日本は、伝統文化を失いかけて進むべき道標がありません。ならば、子どもたちをよりよく社会化して、社会を安定・継続させる新しい教育観による教育理念をもつ努力をすべきなのです。

② 法学よりも新しい教育観を

アメリカのように犯罪が多くなった日本は、アメリカ同様に法律家、弁護士の需要が高まっています。そのような犯罪社会に対応するための司法改革の中核をなすのが、法律家養成機関としての法科大学です。平成十六年四月から六十六校もできました。が、その受験生や教官の規範や道徳心の低下が問題になっています。それどころか医学界でも、大学病院の医師が医療機関への名義貸しや医療ミスが多くなっているし、公務員に社会意識のなさが目立ち、義務と責任を果たす上においても、正義・正道を歩む上においても公明正大でなくなっています。特に、法と人を守る警察官の不心得や教員の指導力不足が、世界一であったはずの信頼感を歪めているのです。

今話題の学力低下は、国語力と道徳心の低下によるものですが、マスコミが扇動する形式的な学力不安によって、文科省が教育理念の乏しい「学力重視路線」へ戻ろうとしています。

そうした中で、国立大学までもが、教育理念よりも経営理念によって独立行政法人化しました。今、日本に必要なのは運営や経営理念、司法改革よりも、しっかりした教育理念による教育改革です。

これまでの教育改革は、社会の変化、発展に応じた知識、技能を合理的、効率的に習得させるためでした。しかし、効率性や合理性を重視する学校教育だけでは、よりよい元気な日本人を育成できないことが、これまでの社会状況によって証明されました。

現状からしても、これまでの古い学校教育学では対応しきれないので、新しい発想による人間教育学を構築しない限り、法律家をどんなに多くしてもアメリカ同様に社会はよくならないのです。

③ よりよい社会人の育成

これからの科学的文明社会に対応する、新しい教育観による少年教育にとって重要なことは、教科書による学校教育同様に、見覚えて、見習うことのできる見習い体験的学習活動、すなわち体験活動の機会と場を作ってやり、よりよい社会人として生きる力、人間力を培わせることです。

少年が成長するには、間接情報や理屈で知識や技能を身に付けると同様に、異年齢集団の現場で他と共に行動し、感じ、考えることが必要であり、その機会と場を欠いては社会人としての十分な成長が望めません。

少年がより健康で、よりよい元気な社会人に成長して一人前になるためには、二人以上の集団で体験活動することによって、精神的、身体的、知能的、社会的な心理作用を経験させることが大切です。しかし、体験活動そのものは、よりよい社会人を育成するための手段であり、その目的は人間力を高めて、生きる力のあるよりよい社会人を育成する仕掛けをすることです。そのことを分かりやすく図解すると、左の図のようになります。

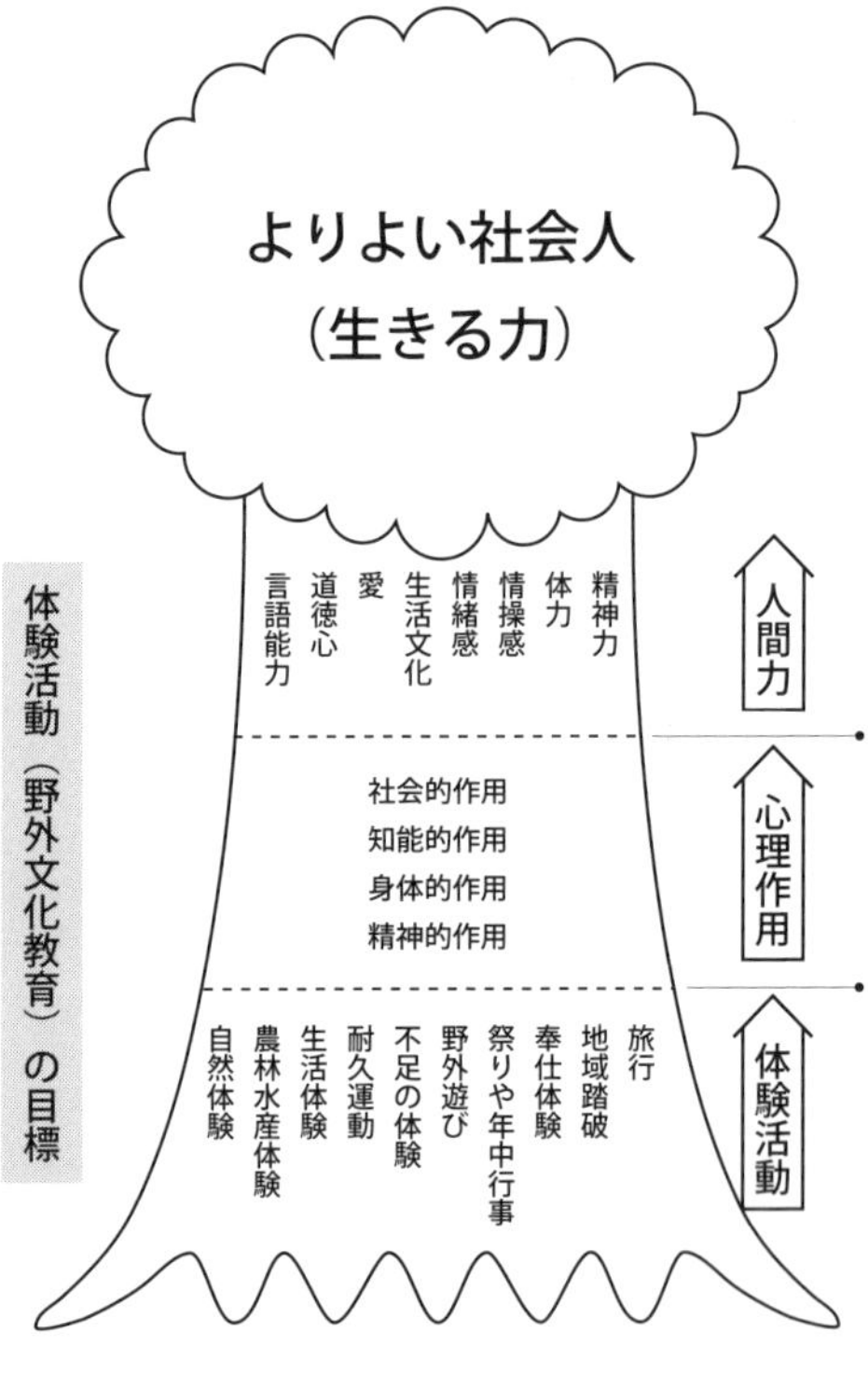

体験活動（野外文化教育）の目標図

④ 社会的保障としての教育理念

人類が有史以来続けてきた少年教育の目的は、社会のよりよい後継者、すなわちよりよい社会人を育成し、安定・継続を図り、社会的保障を得るためでした。その保障には物質的保障と精神的な心の保障があります。

戦後の民主教育を受けた日本人の多くが、郷土や国よりも人類を、地球を愛する国際協調主義者になりました。しかし、その日本人は、社会生活に必要な生活文化を十分には身に付けていないので、外国の人々から「倫理観」がないと評されています。倫理とは二人以上が共に生きるに必要な生活理念であり、主に道徳心のことです。私たちは、日本人が踏み行うべき道としての道徳心が、人類に共通する生活理念であることに気付いていないのです。

教育は理念（基礎、基本的な考え方）によってなされ、理念なき社会はやがて退廃します。教育には厳しさ、競争、忍耐、継続、区別、期待なども必要なのです。

文科省がこれまで進めてきた生活科、学校週5日制、総合的学習など、体験活動を中心とする教育の理念は、よりよい社会人を育成するための準備教育であって、進学や就職用の学力向上のためではなかったはずです。しかし、文部科学省がそのことを十分に説明してこなかったこともあり、学力低下などと言う近視眼的、利己的な多くの反対意見に押されて推進力がなく、形骸化して宙に浮いた状態になり、成功していないのです。

社会生活で最も大事な食料、医療、施設などによる物質的保障は老後でも対応できますが、内面的な心の保障は、少年期の豊かな体験活動によって人間力を高めるしかないのです。

今、われわれ日本人がもつべき教育理念は、まず社会の安定・継続を図るに必要な、日本人の価値観や言葉、道徳心、食文化、風習などの生活文化を、人類に共通する文化であるとの自信と誇りをもって、子どもたちに教え、示すことです。

われは人　寄りて立つ国なかりせば　心やすらむ時は来たらず

6 科学的文明社会への対応

① 新しい教育観

科学的文明社会の日常生活にとって、科学技術は肉体や精神の緊張をほぐすには必要ですが、精神の糧にはなり難いのです。技術の発展は、経済活動には必要ですが、日常生活にはあまり重要ではないのです。むしろ、自然の生命力や活力を弱めこそすれ、強くすることはありません。

人類は、生老病死の苦しみを超えて文化を培ってきましたが、科学技術が生命までも支配するようになっては、もはや生命の尊厳はありません。我々は、これまで長きに亘って、生きる手段である文明と経済的発展を追求し、競争原理を煽り立ててきました。その方法の一つとして、合理的な知識習得主義がありました。

わが国においては、その教育原理による学校教育が、明治五年から昭和三十年代末までの百年足らずの間、見事に成功し、今日の経済大国の礎となりました。

しかし、昭和四十年代後半から機械化、合理化が進み、自由で豊かな文明社会になりますと、学校教育が徐々に色あせてきたのです。特に、昭和五十年代末以後は、急速に行き詰まってきました。

今日の科学的文明社会の子どもたちは、生まれた直後からテレビを見、パソコンを操るので、肉体的成長よりも、精神的発達が早いのです。そのせいで十数歳にもなると物知りになりすぎて、大人になった錯覚に陥り、精神的成長が止まりがちになります。

知的、技術的に早成する子どもたちに、理屈を言っても効果は少ないのです。彼らは生活の現場や自然現象を知ってはいないので、自然の中での生活体験や素朴な遊び、生活労働などを体験させることが、社会性や人間性、道徳心などを豊かにさせる最も効果的な教育方法なのです。

これからの教育は、これまでの教室内での教科教育と、教室外において教科書を使わない見習い体験的学習を合わせることが必要です。この教科外の見習い体験的学習による教育を〝野外文化教育〟と呼び、これからの科学的文明社会における新しい教育観の一つとするのです。

② 野外文化教育の重要性と学問の独立

世界で最も早く、画一的に科学的文明社会に突入した日本で、生まれ育つ子どもたちを教育する見本はもうどこにもないのです。私たちは、これから未知に向かって新しい教育観を模索する努力と工夫が必要です。そこには、自らの足で立ち、問題に対応する理論と方法を発見しようとする、学問の独立がなくてはなりません。

これからの科学的文明社会では、学校だけで社会人準備教育をしきれません。もう一度、学校教育の無い時代からの〝教育〟を再考すべき時です。

私たち人類は、肉体と精神によって生かされています。肉体を健全に育て、管理するためには食糧と適度の運動が必要です。精神（心）を健全に培い、保つためには自然と社会が必要なことはすでに述べました。私たちは、肉体の糧については多くを学びますが、精神の糧には無頓着でした。

精神の糧である自然と共に生きる基本的能力を〝野外文化〟としているのですが、本来、私たちは、日常生活の中でごく当たり前に習得していたのです。しかし、科学的文明社会の下で、その機会と場を失いつつある今日、私たちは、世界に先駆けて〝野外文化教育〟の重要性を主張するときを迎えています。

③ 遊びとしての農作業体験

私たちは、子どもたちが先端技術や知識を習得するための学習には熱心でしたが、社会人として生きるに必要な基本的能力を身に付けさせるための学習には、無関心を装ってきました。

しかし二十一世紀の〝少年教育〟は、知識や技能を伝える学校教育と並行して、社会人になくてはならない基本的能力（野外文化）を身に付けるための見習い体験的学習を中心とする、野外文化教育が重要なのです。

ここでいう野外文化教育は、生きるに必要な社会性や人間性を豊かにするための総合的な人間教育のことです。

少年期の子どもたちが、〝生きる力〟や〝感じる心〟を身に付けるために最も適している野外文化教育としての見習い体験的学習は、・生活体験、・労働体験、・自然体験、・没我的遊び体験、・集団的活動能力の向上体験、・問題解決の困難に対する克服体験などです。

子どもから老人までの異年齢の人々が、野外で共同体験をすることは、子どもたちが思いやる心、協力する心、感動する心や信頼心、絆などを培い、生活能力や防衛体力、社会性、判断力、環境認識などを高め、各自がそれぞれの能力の限界や独自の可能性を発展させるのに、最も効果的な機会と場なのです。

しかし、十一、二歳頃までの子どもにとって最も相応しい見習い体験的学習は、野外で他と共に遊ぶことなのです。子どもの遊びの大半が、大人の為すことを真似て、子どもなりに工夫したものです。だから、少年期前半の見習い体験的学習を職業訓練や職業教育または競技スポーツとみなしてはいけないのです。

例えば、専業農家の農園で、小学生に体験的学習をさせることは、望ましいこととは言えません。農家にとっては、未熟な子どもは邪魔な存在でしかないからです。農家、商店、工場、その他の専業者にとっては、十四、五歳以上の基礎的能力のあるものでないとあまり役に立たないのです。

これからの子どもたちにとっては、遊び心で農作業ができる、教科外教育用としての滞在型教育農園が必要です。それは、農園の中に学校を作ることでもあります。

これまでのような、果実や野菜を収穫するだけの観光農園ではなく、三日以上滞在して、遊び心で栽培して収穫し、料理して食べることのできる、自然と共にいる生活者の疑似体験用農園が必要なのです。私は、それを〝交友の村〟とか「田舎」と呼ぶことにしています。

④ 農園学校のすすめ

これからの都市型小学校の校舎は木造で、校庭は土である方がよいのです。風の日は砂埃が舞い、雨の日はぬかるみ、草や木、虫や小鳥などが育ち、教室はいつも木の香りがすればよいのです。これまでの学校は、知識、技能、文明、スポーツなどの中心でありましたが、これからは、地域の自然、生活文化の中心となるべきです。まさしく、農園の中に学校があるような、街づくり、環境づくりの時代がやってきました。

子どもたちの見習い体験的学習にとって最も重要なのは、自然と共に生きる素朴な労働のある農林水産業体験です。商業労働や工場労働は、生きるための間接労働ですので、職業訓練になりがちですが、農作業の労働は、自然と共に生きるに必要な基本的能力を身に付けるのに、最も効果的で具体的な体験なので、小学五、六年生や中学生が通過儀礼として、一度は体験しておくことが必要なのです。

農作業の見習い体験的学習で最も容易で効果的なのは、植物栽培と動物の飼育です。そして草木があれば、あらゆる生物が集まってくるし、季節感も生まれます。

樹木は、草と違って一生が長く、四季折々にその姿を変え、時の流れを伝えてくれます。冬になると葉を落とし、春になると芽を出して花を咲かせ、夏にはみずみずしい青葉を開き、秋には熟した実を食べることもできます。

私たちは、植物を栽培して食べる行為によって、生活を具体的に知ることができ、生きる力や感じる心を培い、他人と共に労働することによって社会性を豊かにすることができるのです。

二十一世紀の都市文明社会の学校は、観察用の花壇的なものではなく、野草でも果樹でも栽培して食べることのできる農園の中にある、農園学校的な教育環境を作ることが大切なのです。さもないと、ネット中毒のように科学技術に負ける青少年が多くなります。

自然の一部である私たち人間にとって、いかなる科学的文明社会でも、自然は万民共通の絶対的真理です。いつの時代にも人によって向き、不向きなどあり得ないのです。

特に私たちの生活に欠くことのできない植物をよりよく知ることは、心の安らぎ、生きる喜び、生きる力となり、楽しく元気に暮らすことができます。

私たちが、これからの高度に発展する科学的文明社会で、人間らしくよりよく心豊かにゆとりある生活をするためには、少年期の子ども時代に対応する教育政策として、滞在型教育農園や農園学校的な新しい教育観が必要です。

7 教職員の育成科目としての生活体験

① 民主教育と日本

戦後の日本は、二十世紀におけるアメリカ知識人たちの理想的教育を実践してきたのではないでしょうか。しかも、日本を植民地的に支配しやすくする文化人類学的理想論によるものであったのかもしれません。

日本以外の諸国は、たいてい多民族・多文化国家で、歴史上幾度となく民族戦争や宗教戦争を経験しています。大陸の民族戦争では、各自が身を守る努力をせねばなりません。だから、国民の一人一人が社会人としての価値基準をもちしっかりしています。そのため、各自が幼少年時代から生きる基本的能力を身に付けさせられるので個性が強く、主体的です。

日本人の大半は、第二次世界大戦まで民族戦争や宗教戦争というものをほとんど体験せず、領地争いはありましたが、自然発生的な民族国家の中で、単一文化的な世界を守り続けてきました。だから、個人よりも集団が優先され、共通した道徳観によって社会が営まれていたのです。そのため、社会生活に大事なことは、余り自己を主張せず道徳心に反しないよう賢く生きることでした。そして日本人の多くは、天皇を頂点とする国体が千年以上も続いていましたので、安心して御上の指示に従うことを旨とし、全体主義的に生活してきたのです。

それが、昭和二十年八月の敗戦後、突然に、アメリカ式の個人主義が侵入してきましたので、日本人は社会的価値基準を失ってしまったのです。そして、二十二年四月からアメリカ人が理想とする民主教育が始まりました。私は、その年に小学校に入学した民主教育の第一期生なのです。

日本以外の国では社会人一人一人が、民族性としての宗教・風俗習慣や思想を、家庭や地域社会においてかなりしっかり身に付けられています。アメリカ人たちは、新しい日本国が、近代的国家を営む上において、それらは支配するためには少々不都合な、理に合わないことがあると考えたのか、戦後の日本の学校教育には民族性の強い主義思想や宗教の教育が禁止されました。それは社会教育や家庭教育にまで影響し、ついに風俗習慣が伝承され難くなったのです。日本はもともと、御上と道徳心が社会的価値基準の全てでありましたので、個人の価値観がはっきりしないのは当然のことでした。

戦後の学校ではアメリカ式民主教育が徹底的に実行され、個人主義の日本人が毎年たくさん卒業し、社会には価値基準をなくした日本人が年ごとに多くなりました。そして、一人一人がしっかりしているわけではなく、社会の価値基準も定かでなく、世界に例のない日本式個人主義の人が多くなってきたのです。

②知恵のない知識教育

日本は飛鳥・奈良時代から朝鮮半島や中国大陸の文化を見習って日本の自然環境に順応させる日本文化に再編してきました。明治以後は欧米に見習って、再び日本式の文化・文明の編成に努力しました。特に第二次世界大戦以後は、戦勝国アメリカ式日本文化や文明の組み立てに最善の努力を払ってきたとも言えます。

そのせいか、日本の学問や表層文化の多くが、外国の諸々について書物で学ぶことであり、知識者とはより多くの書物を読んで外国事情に通じる人のことでした。特に、戦後は日本の自然環境や歴史・社会環境に適応するための知恵をないがしろにし、何でもかんでもアメリカ化する傾向が強くなりました。

もともと、明治以後の日本の欧米的知識者には知恵者が少なかったようです。諺に「知恵者とは自然を知る者なり」とありますように、知恵者とは自分たちの環境や歴史について見識深い人のことなのです。しかし、知恵者は知識者でもありますが、知識者が知恵者であるとは言い難いのです。いつの時代も知識者は重宝がられ、知恵者は尊敬されるものです。

昭和二十年代までの日本の教育は、まだ社会との結びつきが強く、どちらかと言えば社会優先の教育で、子どもたちの知識レベルはあまり高くなかったようですが、生活の知恵は日常生活においてかなり習得されていたようです。

戦後の民主教育は、小学一年生から知識偏重の教育で、社会との結びつきが弱く、生活の知恵などあまり習得しませんでした。まるで知識崇拝人間を育てるようで、社会性や人間性など社会人の基本的能力の養成をないがしろにしていたのです。そのせいで、今日の日本ではアメリカ学の座学的な知識者の言論が幅を利かせています。

学校教育制度が始まって、明治・大正・昭和と知識教育を受けてきた人たちは、かなり優秀であったようですが、彼らは、小学や中学時代には家庭や地域社会で生活の知恵を身に付ける機会と場がありましたので、基本的能力は十分培っていたのです。ところが、戦後の民主教育は、生活の知恵の習得する機会と場については、あまり関与しない方向に走ったのです。それは、人類が古代から続けてきた、社会の後継者を育む教育に背を向けるもので、民族性や社会性をなくする植民地主義の教育であったとも言えるのです。

③ 豊かさの中の落とし穴

日本は経済的には世界一豊かな国になりました。高度な科学的文明社会で人間の機能を最高に活用できるようにもなっているのです。しかし、これは、民主教育を受けた日本人が作り上げた社会ではありません。戦前の知識教育のあまり徹底していない時代に、知恵も知識も同時に習得しながらのんびり育った、日本式教育を受けた日本人たちの作った社会なのです。

戦後の民主教育を受けた大半の日本人は、結果的な豊かさの文明社会に生活しているのです。だから、生活文化や豊かさの実態を比較的に知ることができないので、全てが当たり前なのです。貧しさを知る者の豊かさと、貧しさを知らぬ者の豊かさは比較できないし、不便を知る者の便利さと、不便を知らぬ者の便利さは比較のしようがないのです。

日本人は、古くから自分たちの文化を独力で培って来てはいませんでした。オリジナルを借用して工夫を加えて日本文化にしていたのです。そのため、外から新しい物が入ってくると容易に取り入れる特性をもっています。そのせいか、明治以後の日本人は知恵としての貧しさや不便さを教えることより、新しい知識としての便利さの教育に大変熱心でした。だから、自分たちの苦労や努力の結果を誇らしげに語っても、物事の経過を知らせる重要性を認めようとしないのではないでしょうか。少年教育にとっては、その感覚が豊かさの中の落とし穴となり得るのです。

今日の日本の豊かさは、明治維新や日露、日中、太平洋戦争などを含めた日本の有史以来の結果であって、急に豊かで平和な社会になったわけではないのです。

今日の豊かな社会に生まれ育った青少年には、豊かさの程度がわかりません。結果的な世界には過去がないので、この豊かさを比較する経過としての知識と知恵の教育がなされないことには、青少年に活力や希望をもたせることはできません。

この豊かさに絶えず黄信号を点して、経過を体験的に知らせることが少年教育には大事なのです。そのためには、学校教育・社会教育・家庭教育でも、子どもたちに、社会人としての基本的能力である生活の知恵、生活文化を習得する機会と場を与えることです。そうするには、過去からの経過を知る知恵のある教員を養成することが望まれます。

④ 教員養成大学に生活体験講座を

日本は明治以後の百年以上も欧米に教育制度や内容、そして教員養成を見習ってきたため、知識教育を大変重視しています。特に教育者には、社会にとっての教育とは何かの知恵よりも、高度な学校教育学的知識を求めています。二十五年ほど前までの学生なら、社会人としての基本的能力を、まだ家庭や地域社会で身に付けることができましたが、今日の学生は、大学を卒業するまでその機会と場のない者が多いのです。

学生たちは知識や情報は豊かですが、生活の現場における原体験による知恵が少ないのです。多くのことが間接情報であり、疑似体験ですから、社会的価値基準のない社会観を身に付けているのです。

これからの教員の資格は、大学で単なる教育学的知識を習得するだけでなく、人間性や社会性を豊かにすると同時に、生きる基本的能力（野外文化）である生活文化を習得していることが必要になります。

社会人としての基本的能力は、幼少年時代からの遊びやいろいろな活動、すなわち、野外文化でもある生活文化の習得活動によって培われるものですが、今日の知識偏重教育を受けた学生たちはその体験が少ないのです。

ここにいう〝野外〟とは、屋内とか屋外をもって表現する文明的な概念ではなく、人間が自然と共に生きる野性的な世界を意味するものであり、〝文化〟とは社会人に必要な基本的な行動や生活様式のことです。

そのように解釈する〝野外文化〟とは、自然と共に生きるために心身を鍛練する方法や手段と、その行動の結果として生み出される心理状態（知識・態度・価値観）を意味する言葉であり、生きる基本的能力のことなのです。そしてその伝承活動を〝野外文化教育〟、習得活動を〝野外文化活動〟と呼ぶのです。

教育改革が叫ばれ始めて久しいですが、いつも制度や内容ばかりで、最も重要な教員の養成についての検討が十分ではありませんでした。これからの青少年教育には、野外文化教育がますます重要になってきますが、小中学校に肝心の指導できる教員がいないのです。

自然と共に生きる知恵を体験的に学び、物事の経過と結果を確認するための生活体験を学校教育に活用するには、それにふさわしい教員養成が急務です。そのためには、教員養成大学及び社会教育関係者を養成する大学に、〝生活体験講座〟を開講し、知恵と知識のある教員や指導者を養成することが望まれています。また、今後の小中学校の教員採用条件に、生活文化の習得活動を義務付け、長期の生活体験を教育実習と同じように評価することです。

二　国際化への対応策

1　国際化する日本の支え

①　国際化という美名

人類は、古代からいろいろな理由や目的によって戦争を繰り返してきました。しかし、科学文明が発展するにしたがって、その愚行に気付かされて反省しました。その結果としての近代的歴史観は、伝統や民族意識の強い国家主義（ナショナリズム）を浄化し、希薄なものにして、科学的な近代化による国際化や、グローバリズムこそが幸福をもたらし、未来を切り開くというものでした。

しかし、そうした楽観的な歴史観は、アメリカ的な経済中心の市場主義や発展主義には都合がよかったのですが、人の生きがいや社会の安定と継続のためには効果的ではなかったのです。かえって人心の不安や社会の不安定を招き、倫理観や価値観を失って、青少年教育の社会目的をも失うことになりました。

そこで、二十一世紀の科学的文明社会を迎えた今日、私たち人類は、国際化という美名に飾られた近代的歴史観を見直し、国際化における国家の重要性とあり方を再確認することが必要になったのです。

地球上の理想的な国際化が徹底的に進めば一つの国家になります。しかし、現実的にはそのようにはなりませんので、国際化がより効果的に機能するためには、大小にかかわりなく、よりよい多くの国家が必要です。その国家の中でこそ、共通の価値観による地域社会が保たれ、そして、信頼社会の最小単位である家族の存在が保証されるのです。

②信頼社会の崩壊

昭和二十二年四月、小学校に入学して、国家否定の民主主義教育を受けて育った私は、昭和三十九年以来の四十数年間に世界百四十二の国や地域を探訪し、地球上の多くの人々がいかに信頼社会を熱望しているかを知りました。

多民族、多文化、多宗教の社会は、多大な努力と工夫や犠牲を払っても、共通の価値観や信頼を構築することは困難で、絶えず警戒の必要な不信社会なのです。ところが、わが日本国だけは、世界に例のない天皇を中心とした国体が千年以上も続いており、安定した信頼社会を構築することにほぼ成功していました。世界を探訪するうちに、そのことに気付かされた私は、いろいろな民族の生活文化に関心をもつと同時に、社会が安定、継続するための後継者である青少年教育の重要性に気付かされました。

ところが、わが日本国は、アメリカを中心とする経済的国際化によって、国家的特徴を否定し、その信頼社会を崩壊させて、社会の安定と継続に必要な文化的共通性と公教育の目的を失っていました。しかし、その代わりとして世界に誇る経済大国として、君臨することに成功したのです。だが、それは束の間のことで今や社会に尽くす人材が不足し、大義を失ってあらゆる方面において行き詰まり現象が起き、再起困難な、利己的不信社会になりかけています。

③国家を支える四本柱

私たち人間にとって、自然は生活するために必要なものであって、レクリエーションや環境教育のためのものではないのです。自然を大切に思い、身近なものとして手をかけるのは、生きるに無くてはならないものとしての意識の向上によるのです。

自然と共に生きる意識の向上によって身に付く知恵こそ、古代から変わらぬ倫理であり、生活文化なのです。それらを近代的に表現しますと〝教養〟となりますが、少年期の子ども時代に意図的体験によって身に付けさせようとすることを野外文化教育としています。野外文化教育は国家を支える四本柱を具体的に知らしめるための人づくりなのです。

国家は国民、人によって支えられています。その人が生きるに最も大切な物が安全な食物なのです。人が集まった社会の安全と継続になくてはならないものが生活文化です。そして、社会の繁栄と発展に必要なのが産業です。それらの内容を簡単に列記しますと次のようになります。

イ、人―国づくりとは人づくりのことですが、人は人との係りによって育てられます。しかし、個人的な子どもの可能性を開発することは個人の問題であり、公共性を開発することこそ公教育の社会目的です。

ロ、食物―人間が働く大目的は食糧を得るためです。現代人においても安全で質のよい食糧を必要量獲得することが、安心の最大要因です。働いて金銭を得ることによる安心は、社会の安定と継続が必要条件です。

ハ、文化―生後の学習によって生存手段を身に付けなければならない人間は、他人に依存する期間も長く、数多くの人を媒介として集団的にのみ生存できます。集団生活が成立するためには、成員の間で意思が通じ合わなければなりません。その為には、言葉、風習、道徳心、信頼心などの生活様式としての生活文化を共有することが必要です。

ニ、産業―農林水産業、商業、工業、運輸通信業、建設業、流通業、金融業、サービス業など多くの産業は、経済活動になくてはならないものですが、社会発展のために必要なことであって、金権のためにあってはいけないのです。

④ 公教育の大目的

平成十四年四月から学校完全週五日制や総合的学習が導入されましたが、学力低下が心配されています。学力低下の原因は倫理観や読解力、判断力を高めるに必要な言葉、国語力の低下によるものです。国語力の基礎は幼少年時代の野外での集団的な共同体験などによって身に付くものなのです。

公教育の社会目的を理解しようとしないで、受験用の学力を心配することは、教育の手段を目的化した利己的判断に過ぎません。

国家が国際化すればするほど、国民が国語をよく理解し、大切にすることが必要です。国家が独立を失い、経済が破綻すれば、国民がいかに悲惨な目に遭うかは明らかなのです。私は、この地球上を自分の足で歩いて、その現場を何度も見てきました。

公教育の大目的は、共通の生活文化を身に付けたよりよい元気な社会人の育成であり、われら人間が生きる目的は、社会人としてよりよく楽しく元気に暮らすことです。

2 安心・安全と国民化教育

① 孤独で不安な社会

平成二十年三月二十一日の新聞によると、今日の日本人社会は、七割もの人が、他人や企業を信用できず、不安を抱いているそうです。

某新聞社の社会意識調査によりますと、政治家と官僚に対する信用度は、なんと一八パーセントしかありません。そして、治安を担う警察官は六三パーセント、教育者である教師は六〇パーセントしか信用されていないのです。

社会意識の弱くなった今日の日本人は、「他人（社会）の役に立とうとしている」人がわずか二二パーセントと少なく、「自分のことだけ考えている」という人が六七パーセントを占めています。

このような不信社会でも家族には九七パーセントの人が信用を寄せています。しかし、家族を結び付けるものは「精神的なもの」が一番多く、次が「血のつながり」だそうです。

私たち日本人は、不信社会では自然的に犯罪が多くなり、多くの人々が孤独で不安になりがちなことを、まだ十分には理解できていないのです。

②独自性のない国際化

この地球上のいかなる部族、民族、国家も有史以来いろいろな戦争を繰り返してきました。残念なことに今もまだ地球上の各地で戦争は続けられています。幸いにも日本だけは、もう六十年余りも戦争のない平和で豊かな国で、しかも、教育施設の普及率は世界一です。社会は、個と集団が対立するものではなく、いかなる個人も集団的規定なくしては存在し得ないものですが、戦後の日本は、社会の大義を失って、社会を守る社会的目標の無い利己的な教育が続きました。

一方、米国の支援があったこともありますが、戦前の教育を受けた人々が中心になって、日本の伝統文化的特長であった勤勉、正直、団結する組織力によって素早く経済的復興を達成し、やがて世界第二の経済大国に発展しました。そして、米国化の経済的国際化に尽力したのです。米国方式の経済的国際化、すなわちグローバリゼーションは、〝科学・技術〟の進歩によって起こった〝IT革命〟による、コミュニケーションの飛躍的な発展によって、一層拍車がかかりました。しかし、経済的国際化は、いかなる国の人々にとっても生活手段であって、社会的目的ではなかったのです。

ところが戦後教育を受けて、社会意識の弱くなった日本人は、経済的国際化には邁進しましたが、肝腎な自国の安定・継続に必要な、社会の後継者育成である国民化には無頓着で、半世紀以上も米国式民主教育をそのまま続行し、信頼社会であった日本の独自性を失いました。

③ 国民化を忘れた日本人

民族とは人間の形質的特長ではなく、生活文化を共有する人々の集合体であることはすでに記しました。

戦後の日本で生まれ育った日本人の多くが、伝統文化否定の名残のせいで教えられなかったこともあり、社会的遺産としての生活文化を共有することの重要性を知らず、利己的・個人的になっています。

その結果、日本人社会にとって最も重要であった信頼や絆が揺らぎ、二十数年前から不祥事が多発するようになりました。

三、四十年前までの日本では、両親が日本人なら自然に民族的日本人になれましたが、今日の国際化した不信社会では、日本で生まれ育った日本人が自然に社会的日本人、すなわち国民になるとは言えなくなっています。

私たち日本人は、社会、国にとって最も大切な生活文化を共有する社会化・国民化を忘れ、知識・技能を中心とする個人的学力主義を追い求めていますが、社会人としての栄辱を弁えていない人は、道徳心、協調性や忍耐力、向上心、信頼感が弱く、主体性を失って非社会的になりやすいのです。

④ 安全・安心に必要な国民化教育

地球上の多くの国、特に移民によって成り立っている米国は、多民族、多文化、多宗教の国民国家です。世界の国民国家の大半は、民主主義的議会政治によって国家の統合を第一目的としているのです。そして、スムーズな統合の手段としてやむを得ず〝多文化主義〟を採用しているのです。

世界の中では大変珍しい単一民族国家に近い日本は、戦後、米国式の多文化主義を取り入れましたが、すでに統合が成立していたし、やがて安定した国民国家にもなりました。しかし、米国を筆頭とする多くの国は、今もまだその途上にあって貧富の差が大きく、政治や経済、教育などの政策は全て統合のためにあるのです。

地球上の至る所で今も起きている宗教や文化の違いによる紛争や、エネルギー・環境・食料・人口問題、それに米国経済の失速など、これからの多様化する国際情勢に対応するには、まず日本国の活力・安定・継続そして、国民の安全・安心を図る国民化教育が優先課題なのです。

そのための公教育は、社会人としての主体性・アイデンティティーを促す自己認識、そして生活文化を伝える機会と場が必要なのです。

3 日本の国際化と国籍

① 国際化に必要な国籍

私たち日本人は、憲法の前文に謳われています、〝国際社会において名誉ある地位を占めたい〟

と思っているのか、〝国際化〟という言葉が好きです。

国際化には、個人的と社会的があり、また、経済的、文化的、政治的などもありますが、いずれにしても、主体的か従属的かによって形が大きく違ってきます。

個人的に、従属的国際化を望むならば、好きな国へ移民すれば可能ですが、主体的ならば、大変な努力と忍耐力が必要で、容易なことではありません。

社会的に、従属的な国際化を望むならば、諸外国に文化的、経済的に従って政治的小国になれば比較的容易ですが、主体的国際化を望むならば、諸外国に理解してもらう努力と工夫と貢献が必要です。

個人的に国際化を望むには、どこかの国民としての権利と義務を負わない限り、いかなる社会からも受け入れられません。いかなる人も国籍をもたない限り、国際的な活動をすることはできないのです。国際化と国籍は表裏一体ですが、日本では、あまり理解されていないようです。

② 半独立国日本

今日、公務員の国籍条項を撤廃せよとか、地方分権、それに国際化などが叫ばれていますが、これらは戦後半世紀以上も潜在的に続いています、アメリカ合衆国の占領管理的政策の具現です。

日本は、昭和二十年八月十五日に無条件降伏して以来、アメリカ合衆国を中心とする連合軍の占領下におかれ、昭和二十二年五月に憲法が制定されましたが、その中には日本人や日本語の規定はありません。あるのは、日本国民が世界の人々と仲良く暮らしていくための必要条件です。

日本は、昭和二十七年四月二十八日に、〝サンフランシスコ平和条約〟が効力を発生することによって、形式的には独立しましたが、国家の骨格をなす憲法はそのままです。日本政府は、これまでに憲法の〝是非〟を国民に確かめたことはなく、単独講和的な安保条約によって、アメリカ合衆国の傘下に置かれています。そのせいか、文化的、社会的な違いを乗り越えて、ひたすらアメリカ追従に努力してきました。

そして、今日に至っても、親離れできない子どものように、戦後間もなくアメリカ知識人たちが望んだ日本国のあり方ともいえる、国籍無用や地方分権、国際化などを理想的に描く努力を続けているのです。それはまだ半分しか独立し得ていないからだとも言えます。

③ 経済大国の論理

憲法第九条②「国の交戦権は、これを認めない」としている日本は、アメリカ合衆国の保護のもとに、平和で、豊かな社会づくりに邁進してきました。私たち日本人は、豊かになる条件を満たすためには、国も文化も誇りもそれほど重要視はしなかったのです。

与えられた民主主義社会日本の政治家たちは、外交や内政を経済活動の一環と考え、日本国のあり方を真剣に論議する重要性を無視しがちでした。官僚の多くは、そうした政治家をうまく操って、自分たちの省益や権益を拡大することに努め、公益的配慮を弱めていきました。そして、国家的共通性を見失った国民の経済活動は、個人的利益の追求であったともいえます。その結果、独立国としての外交権を駆使しようとしない政府の下で、自由と権利を謳歌する国民が、理想の平和国家を今日まで追求することができたのです。

占領下で制定された憲法を金科玉条とする日本国は、他国との共生を願って、主張せず、争わず、アメリカに見習い、国際的義務と責任を負わず、自由に経済活動ができる利益追求型の、政治的小国の論理で成り立っているのです。

④国民は多様な日本人

憲法第十条「日本国民たる要件は、法律でこれを定める」

憲法第二十条②「何人も、外国に移住し、または国籍を離脱する自由を侵されない」

憲法には日本国民の規定はありますが、日本人の規定はありません。日本国民と日本人の違いをはっきりさせないことには、主権国家の公務員になるために、国籍が必要なことを理解することはできません。

日本国民には、両親を日本人とする民族的日本人と、日本国に住み、日本の風習や言葉を理解し、社会の義務と責任を果たしている社会的日本人がいます。

私たちにとっての日本人とは、民族的日本人のことですが、日本国憲法によれば、社会的日本人をも含めるのです。

単一民族的社会に生まれ育った、馴れ合い社会の民族的日本人は、あるがままの社会というかかわり方でしか判断しない習慣がありましたが、今日では、社会の必要条件を共有する社会的日本人になる必要に迫られているのです。

例えば、中国には五十六の民族が住んでいますが、民族的中国人は一人もいません。漢族や蒙古、朝鮮、チベット、ウイグル族などはいずれも社会的中国人であり、皆中国国民であるのです。これからの日本国民には、朝鮮系日本人、漢族系日本人など、多様な日本人がいてもかまわないのです。しかし、彼らは日本国籍をもたない限り、外国人なのです。

国際化する日本国の政府がまずしなければならないことは、国籍条項撤廃ではなく、〝国民とは国籍のある社会的日本人である〟、と規定することではないでしょうか……。

4 世界に示せ〝美《うま》し国、日本〟

① 戦争をしなかった民族はいない

私は、これまでの四十数年間に世界百四十二の国や地域を探訪し、いろいろな国で、いろいろな人々と接し、いろいろなことを見てきましたが、かつて売春婦のいなかった国、そして戦争をしてこなかった国や民族、または部族はいなかったのではないかと思っています。戦争とは略奪、強姦、殺戮など、何でもありの集団的行為なので、戦争を憎み、決して繰り返してはいけないことを多くの人が承知しています。しかし団結力がなくて弱かった国の人々ほど、戦争よりも人を憎みがちになりやすいし、過去に拘りがちです。

不信社会の中国や韓国は、日本の外交力を弱め、交渉ごとを有利にし、日本からの賠償金や援助金を有利に得るために自分たちが弱かったことを棚に上げて、歴史問題として靖国参拝や南京虐殺、慰安婦などの問題を故意に、しかもオーバーに叫んでいます。
しかし、誠意ある気持ちで積極的平和外交や国際化を叫ぶ日本人が、右往左往することもなく一丸となって、しっかりした信念と自信をもてば、半世紀以上も前のことに拘り続けていては、よりよい結末を築くことはできないことに気づいてくれるでしょう。

② 外交下手な日本人

半世紀以上も平和が続いている、豊かな民主国家日本は、長年に亘って中国や韓国から、過去の戦争を外交的に非難されています。その尻馬に乗って日本のマスコミが、まるで人道主義に導かれた傍観者のような立場で大きく報道すれば、彼らの思う壺にはまり、日本の交渉ごとがうまく進展しなくなりがちです。

何よりも日中戦争がなかったなら、今日の中国はなかっただろうし、朝鮮半島が日本ではなくロシアの領土になっていたら、今の韓国はなかったに違いないのです。

歴史を仮定してはいけないのですが、慰安婦の像まで作って、弱かった自分たちの過去に拘っているようでは、又、自分たちの内紛による殺戮を隠すために、南京虐殺の数を厖大に吹聴しているようでは、明るい未来や建設的な話し合いはできないのです。

よりよい発展と平和を望むなら、いつまでも他国のせいにし、非を責めるのではなく過去を知恵として、悪いことは二度と繰り返して起こさせないよう努力・工夫して、自立するのが、政治家や教育者の務めではないでしょうか。

信頼社会日本で育った日本人は、相手の非を責めて交渉ごとを有利にするような、姑息なことを嫌う武士道的な価値観がありましたので、不信社会の人々のような一方的な主張がなく、世界の中では最も外交下手なのです。

③ 信頼社会の美《うま》し国

世界の多くの国は、多民族・多文化・多宗教で社会的には不安定状態にありますが、日本だけは、社会を統合してきた天皇の存在によって千数百年以上も国体が安定的に続いていています日本人の多くは、日本国がなくなると考えたことも、想像したことも無いでしょうが、世界の多くの国の人々は、自分の国の存続に不安を感じています。それに、統治者、例えば大統領、首相などが交替することによって、社会的な多くのことが変化し、主義思想や宗教、言葉などが異なりますと、お互いに信頼を失いがちな不信社会になるのです。

そのような絶えず不安を感じているような国の人々が、日本に来訪して感じることは、自然環境の素晴らしさだけではなく、人心が落ち着いた信頼社会の治安のよさ、それに素養があって心やさしい思いやりのある人々、そしてそのような日本人が住む町や村の平和的なたたずまい、有様の素晴らしさなのです。その信頼社会日本の有様全てが、まさしく平和で安全な雰囲気に満たされた〝美《うま》し国〟なのです。

しかし、文化的自信を失って物質的な繁栄に溺れている今日の日本人は、〝おもてなし〟などと言って作為的な形にとらわれて、和の心を失いがちになっています。それにアメリカ的な価値観に従って小学生から英語をすすめるのは、グローバル化する経済活動によるだけでなく、美し国日本の文化を否定しがちになります。文化戦争に負けては、独立国家として立ち上がる術を失うことにもなるのです。

④ 世界に示せ美し日本

一億二千数百万人もの人が住む日本は自然が豊かで美しいですが、何より千年以上も国体が続いていますので、人心が落ち着いて安心感があり、お互いの信頼感が強いのです。そして素養があり、思いやりのある心やさしい人が、アメリカや中国、その他の国に比べて、今でもまだはるかに多く、世界に誇れる文化国家なのです。

しかし、残念なことに、日本人の多くが、アメリカのような不信社会の価値観に同調して、経済活動を中心とするグローバル化を主張しています。だが、人は安心して、安全に生きるために働いているのであって、営利活動をするために生きているのではないのです。

不信社会に暮らす人々からすると、大義が薄れかけている今日の日本でも、まだ心情が正しく、共通した生活文化のある安定した暮らし方が、アメリカ社会などよりもはるかに安心できる美し国に思えるのです。

世界の中で最も安定・継続している統合された日本は、人類の理想に近い発展した信頼社会なので、これからの科学的文明社会に生きる世界の人々に、生活のあり方、生き方、考え方などを、自信をもって伝えていく大きな役目があります。

その自覚と認識の下に、二〇二〇年の東京オリンピック大会が迎えられるよう、日本人の多くが、成熟した平和国家〝美し国、日本〟を世界に示す、一層の努力・工夫が望まれているのです。

5 先進国、日本からの発信

① 人口増加と資源不足の地球

私たちが住んでいる青い地球は、宇宙に浮いた球体で、自転と公転を常時繰り返しています。その地球上に、二〇一一（平成二十三）年十一月三十日現在、百九十三の国と地域に分かれて七十億人が暮らしていることが国連から発表されました。世界人口は一九八七年には六十億人であったとのことなので、この四半世紀の間に急激な増加率です。

日本国の人口数は減少していますが、人類はますます増え続け、二〇五〇年までには、なんと、九十三億人にもなるそうです。だからと言って、われわれ人類が宇宙のほかの星へ移住することは、自然環境の違いからなかなかできないことです。

これからの地球は、人口増加と科学・技術の発達によって、大地は細り、時間と空間が相対的に縮小され、食料不足が激しくなります。そうなると、食料やエネルギー資源などの確保、領地や領海などの確保による紛争が絶えることなく発生し、われわれの日常生活が一層不安定になり、不満が増すようになります。

② 平和で豊かな先進国・日本

私は、これまでの四十数年間に地球上を踏査し、日本の自然的立地条件が、世界のどの国や地域よりも恵まれていることと、どの国よりも画一的に発展して豊かであり、しかも安定していることを知りました。

南北に長い列島上の大地が海に囲まれ、自然的要塞に守られてきたような日本国は、大陸の国境を接する陸続きの国々とは異なって、緑と水が多くて自然の幸に恵まれ、国民的にもそれほど複雑ではないのです。それに、他民族の侵略をうけることもなく、江戸時代の数百年も前から統合され、権力的な立場の将軍や首相は変わっても、権威的な天皇は古代から継続しているので、国体が比較的安定した社会生活が続いています。

何より、この半世紀以上も戦争や紛争がなく人心が安定しており、その上、科学・技術立国としての国際的な経済活動が活発で、物質的に大変豊かです。しかも、全国津々浦々に至るまで画一的に発展しているので不平等感が少ないのです。その上、小中高等学校の教育制度が発達充実していますので、比較的民主的、合理的な社会が営まれています。

このような日本は、世界の最先端を進んでいる豊かで平和な、そして安定した文明的先進国なのです。

③ 社会的遺産としての生活文化

今日も多くの人が努力、工夫して学び働いています。しかし、人は学び働くために生きているのではありません。よりよく楽しく元気に暮らすために学び、働いているのです。

よりよく生きている精神的な喜びを感じるには、他人との係わりや自分の価値観による納得が必要です。その価値観に最も大きな力を発揮するのが、日常生活のあり方である生活文化です。しかも、その生活文化の共通性が人間関係や絆、人格までも作っているのです。

私たちが日常生活で最も安心・安全に思えるのは、ごくありふれた日常的なことで、「こうしていれば大丈夫」と言う生活の知恵とも言える、心理作用による納得なのです。

生活文化は、その地域の自然環境に順応して暮らしてきた先祖代々の社会的遺産であって、現代人が勝手に作ったり、簡単に排除したりできるものではありません。

日本人の生活文化は、日本の自然環境に順応して暮らしてきた先祖たちが、何百、何千年間も改善を繰り返しながら、徐々に培ってきたものなので、それを無視して日本で生活していますと、徐々に安心・安全感が薄れ、高齢になるにつれて不安が増してきます。

今日の日本に自由貿易は必要だし、ＴＰＰのようなアメリカ式自由貿易が迫っていますが、社会が安定し、人々がよりよく生きられる継続策を忘れて、経済的効率を高めるアメリカ的産業化を追い求める理論に溺れてはいけないのです。

④日本独自の安定、継続策の発信

世界一平和で安全な、しかも合理的に発展した豊かな日本を、これからどのように安定、継続させればよいのかを、経済論や国際政治論だけで論じるのではなく、地球上の日本に住む人は誰でも安心して、安全に生活ができる方法としての、自然条件を十分に活かした日本独自のあり方を立ち上げることが必要なのです。

日本は世界で最もハイレベルの統合された国民国家で、移民による多民族国家アメリカを始め、他の国々が理想としている統合、安定、継続など社会的なことが、気付かないうちに実現されています。アメリカンドリームに象徴されるような発展や繁栄策だけでは格差社会になり、不安定になりがちです。長い歴史のあるこの日本を、ますます国際的になる経済活動のために更にアメリカ化するのは、人類にとってもよりよいあり方とは言えません。

世界の先進国、日本に住んでいる私たちは、他国のあり方を真似るだけではなく、これからは日本独自のよりよく生きられる安定・継続的なあり方の生活文化を、自信と誇りをもって世界各国に発信する時代になりました。

あとがき

一九六四（昭和三十九）年以来、世界の多くの民族の生活文化を踏査し、いろいろな人に出会い、種種雑多な体験をしました。そして、他国を、他民族の歴史や社会的事情を知れば知るほど、自分の故郷や祖国に関心が強くなり、愛しくなったのです。

一九六七（昭和四十二）年八月末、三年ぶりに帰国しますと、「今の子どもはもやしっ子」と言いはやされていました。当時二十七歳になったばかりの私は、自分たちの社会の後継者を「もやしっ子」呼ばわりしている大人に反感をもち、「それなら、もやしっ子でないようにしてやればよいではないか」と憤慨しました。そして、青少年の健全育成を思い立ち、自己鍛錬としての長い距離を飲まず食わずに歩く、「かち歩き大会」を始めることにしたのです。

一九六九（昭和四十四）年から続いている、東京での「新宿―青梅四十三キロかち歩き大会」は、毎年春秋の二回開催し、四十五年後の二〇一四（平成二十六）年三月の第九〇回大会で、総参加人数が十八万五千人を超しました。

一九七九（昭和五十四）年からは全国十大都市（札幌、仙台、大宮、東京、川崎、名古屋、大阪、広島、高知、福岡）でもかち歩き大会を始めました。そして、中国の北京では、一九八一年二月（昭和五十五年度）から二十四年間毎年、「北京二十一キロかち歩き（長走）大会」を中華全国青年連合会と共催してきました。北京では今も続いています。

一九七四（昭和四十九）年十月、青少年交友協会の社団法人化記念事業として始めた、グリーンアドベンチャー（植物と生活文化とのかかわりを伝える自然環境教育）は、これまでに主な公園を中心として、全国五十カ所以上に常設コースが設置されています。

一九八六（昭和六十一）年から始めた、十泊十一日の「無人島生活体験」は、四国と九州の間にある豊後水道の御五神島で、小学五年生から高校三年生までの男女七十名と、スタッフ二十数名、総勢百名ほどの共同生活を、十年間続けました。その流れで、一九九五（平成七）年からは、東京都下にある武蔵五日市旅行村で、二泊三日の小中学生と親との共同生活「親子野外生活体験」を、毎年約百五十名ずつ集めて十五年間続けました。

また、二〇〇七（平成十九）年からは、東京都豊島区や杉並区・中野区の夏休み中の小学校を利用して、文部科学省の体験活動推進プロジェクトのモデル事業として、小学五年生から中学三年生までの男女四十名が、六泊七日の共同自炊生活をする「生活体験学校」を八年間続けています。

この他には、国立信州高遠少年自然の家所長を四年、東京学芸大学の客員教授を八年続けたこともあり、「農作業体験旅行」や「地域踏査」、「野外伝承遊び国際会議と国際大会」、「生活体験学習指導者養成講習（教職員免許状更新講習）」なども実施し、この四十数年間で、国内外の多くの子どもや大人たちと行動を共にし、指導もしてきました。

いかなる時代にも、青少年健全育成の基本は、見習い体験的学習活動（体験活動）などを通して、社会生活に必要な生活文化としての基本的能力を培わせる、人間力の向上を図ることです。

しかし、今日の子どもたちは、基本的能力を培う機会と場に恵まれることもなく、いじめる側も、いじめられる側も、全ての子どもたちが情報過多で心身ともに疲れています。激しく変化する科学的文明社会で生まれ育つ少年期の子どもたちが、疲れている心身を癒やして元気になるには、自然の中で仲間と無心に遊ぶことです。

この半世紀近くもの間に、世界百四十二カ国を踏査して、地球上の有様を知れば知るほど、これからの日本を支えてくれる青少年の健全育成の重要性を痛感させられ、一人でも多くの若者が元気で有意義に過ごせる、よりよい社会人になって欲しかったのです。

そのような私の思いをよそに、時の流れは大変激しくて速く、人々の心は刹那的で、金権的で、物欲に流されがちで、社会は経済活動中心的で、平和と豊かさに包まれた日本は、社会的には徐々に内部衰退へと向かっています。そうした傾向の流れに棹差して、少年期の子どもたちに、日本の生活文化をしっかり伝えていくことが重要だと叫び続けようと思い、（公社）青少年交友協会の機関紙「野外文化」の巻頭に、この数十年間、その時その時に応じて書き続けてきました。

一九六四年の東京オリンピック大会の年に海外旅行を始めた私が、二〇二〇年に再び東京オリンピック大会を迎えるに当たり、私に自由な行動を許してくれた今は亡き両親と、祖国日本のために何かしなければならない思いに駆られて、長年書き続けてきたそれらの短文をまとめて、これからの若い世代の親や教職員へ、頑固親父からの伝言としたのです。

時刻は流れ　人は去り　めくるめく世は変遷し、
川の流れのように　とどまることをしらない。

平成二十六年六月十二日
於、東京都杉並区今川

公益社団法人青少年交友協会の機関紙「野外文化」掲載号一覧

Ⅰ　青少年を元気にする知恵

一、日本的人材育成

1、意欲的な青少年の育成　「二二一号」平成二十五年四月
2、少年（男の子）を父親へ　「一五九号」平成十一年四月
3、文明化に対応する生活体験　「一六七号」平成十二年十月
4、最善の防災、減災対応　「二二二号」平成二十五年八月
5、自己鍛錬としてのかち歩き　「二二五号」平成二十六年八月発表予定

二、信頼社会日本の継続

1、信頼心としての大義　「二二三号」平成二十六年一月
2、日本人に名誉と勇気を　「一五八号」平成十一年二月
3、社会人としての文化的共通性　「一六八号」平成十三年一月
4、国民に必要な自然観　「一六六号」平成十二年七月
5、祖国日本を信じよう　「二〇五号」平成二十三年四月
6、自然なる大地と共に　「一八四号」平成十七年一月

三、道徳心と気配り

1、法律に勝る道徳心　「一八一号」平成十六年四月
2、道徳心は人類共通の文化　「一九四号」平成十九年八月
3、今伝えること〝よりよくいきる〟　「一九二号」平成十九年一月
4、他人を気遣う気配り　「二〇三号」平成二十二年八月
5、われらは生きている　「一七一号」平成十三年十月

四、文化的独立

1、独立した創造する学問　「一八五号」平成十七年四月

2、「日本」という土俵の上で　「一九〇号」平成十八年七月
3、日本人としての自己認識　「二一〇号」平成二十五年一月
4、先憂後楽の知恵　「一四五号」平成八年一二月
5、世界一の統合国家　「二〇三号」平成二十二年八月
6、生活文化としての春入学　「二〇八号」平成二十四年四月

Ⅱ　少年教育の知恵としての生活文化
一、少年を社会化する知恵
1、強い女と弱い男の和合　「一四八号」平成九年六月
2、危機管理能力としての勘　「一八六号」平成十七年七月
3、信頼心を培う暗闇体験　「一九三号」平成十九年四月
4、文明人が求める安心感の育成　「一五二号」平成十年二月
5、野外文化教育の導入　「一四四号」平成八年十月
二、生活能力を高める生活文化
1、生き抜く力としての生活文化　「二〇〇号」平成二十一年八月」
2、心の保障としての生活文化　「一七六号」平成十五年一月
3、生活文化としての言葉　「一七四号」平成十四年七月
4、生活文化向上と自然災害　「二〇六号」平成二十三年八月
三、生活文化習得に必要な集団活動
1、忘れられていた集団活動　「一四一号」平成八年四月
2、生きる力を培う集団的見習い体験的学習活動　「一四三号」平成八年八月
3、日本語習得に必要な集団活動　「一七八号」平成十五年七月
4、生活力向上と集団的生活体験　「一九一号」平成十八年十月

Ⅲ　生活文化伝承のあり方

一、家庭による伝承
1、日本的家族の復活　「二〇一号」平成二十二年一月
2、家庭での見習い体験的学習　「一七五号」平成十四年十月
3、個人化する前の家族化と集団化　「二〇四号」平成二十三年一月
4、家族（集団）化による個性　「二〇五号」平成二十三年四月

二、学校教育による伝承
1、これからの公教育と生活文化の伝承　「一六四号」平成十二年二月
2、生活文化としての離合集散　「一九八号」平成二十一年一月
3、協力、協調心を培う長期的生活体験　「一九五号」平成二十年一月
4、生活文化体得に役立つ野外伝承遊び　「一六三号」平成十一年十二月
5、教職員の資質としての生活文化　「一九九号」平成二十一年四月

三、自治体や地域社会による伝承
1、犯罪防止に必要な地域的集団活動　「一九七号」平成二十年八月
2、少年期は全てが予防対応　「二一四号」平成二十六年四月
3、社会人六〇パーセントの活力向上　「二〇二号」平成二十二年四月
4、都市文明に対応する地域としての「田舎」　「一五五号」平成十年八月

Ⅳ　これからの国家的青少年教育の知恵

一、日本の安定、継続に必要な対応策
1、守る立場の人づくり　「一八二号」平成十六年七月
2、よりよく生きる生活力の育成　「一七〇号」平成十三年七月
3、生活習慣としての生活文化の伝承　「一八九号」平成十八年四月
4、人間力の向上　（一八三号）平成十六年十月
5、安定、継続に必要な教育理念　「一八〇号」平成十六年一月
6、科学的文明社会への対応　「一六〇号」平成十一年六月

7、教職員の育成科目としての生活体験　「九〇号」昭和六十二年十月
二、国際化への対応策
1、国際化する日本の支え　「一七三号」平成十四年四月
2、安全、安心と国民化教育　「一九六号」平成二十年四月
3、国際化と国籍　「一四二号」平成八年六月
4、世界に示せ〝美し国、日本〟　「二一三号」平成二十六年一月
5、先進国、日本からの発信　「二〇七号」平成二十四年一月

【著者】

森田　勇造（もりた　ゆうぞう）

昭和15年高知県生まれ。昭和39年東京農業大学卒。

昭和39年以来、世界の諸民族の生活文化を調査し続ける。同時に野外文化教育の研究と啓発、実践に努め、青少年の健全育成活動も続ける。元国立信州高遠少年自然の家所長。元国立大学法人東京学芸大学客員教授、現在、公益社団法人青少年交友協会理事長、野外文化研究所所長、野外文化教育学会顧問、博士（学術）、民族研究家。

〈主要著書〉

『これが世界の人間だ—何でもやってやろう—』（青春出版社）昭和43年、『未来の国オーストラリア』（講談社）昭和45年、『日本人の源流を求めて』（講談社）昭和48年、『遥かなるキリマンジャロ』（栄光出版社）昭和52年、『わが友、騎馬民』（学研）昭和53年、『日本人の源流』（冬樹社）昭和55年、『シルクロードに生きる』（学研）昭和57年、『「倭人」の源流を求めて』（講談社）昭和57年、『秘境ナガ高地探検記』（東京新聞社）昭和59年、『チンギス・ハンの末裔たち』（講談社）昭和61年、『アジア大踏査行』（日本文芸社）昭和62年、『天葬への旅』（原書房）平成3年、『ユーラシア二一世紀の旅』（角川書店）平成6年、『アジア稲作文化紀行』（雄山閣）平成13年、『地球を歩きながら考えた』（原書房）平成16年、『野外文化教育としての体験活動—野外文化人のすすめ—』（三和書籍）平成22年、『写真で見るアジアの少数民族』Ⅰ～Ⅴ（三和書籍）平成23年～24年、『逞しく生きよう』（原書房）平成25年。

ガンコ親父の教育論

——折れない子どもの育て方——

2014年　9月　30日　　第1版第1刷発行

著者　森田　勇造

発行者　高橋　考

発行所　三和書籍

〒112-0013　東京都文京区音羽2-2-2
TEL 03-5395-4630　FAX 03-5395-4632
sanwa@sanwa-co.com
http://www.sanwa-co.com

印刷所／日本ハイコム印刷株式会社

ISBN978-4-86251-167-6 C0037

本書の電子版（PDF形式）は、Book Pub（ブックパブ）の下記URLにてお買い求めいただけます。
http://bookpub.jp/books/bp/397